Anselm Grün

Verwandle deine Angst

Das Buch

Ängste können wie ein hilfreiches Alarmsystem wirken. Es gibt aber auch die Angst vor der Angst, die einen einschließt wie in einem Gefängnis. Sie verhindert ein Leben in Fülle. Von solcher Angst frei zu werden ist ein wichtiges Ziel. Anselm Grün geht es nicht um die klassische Therapie, sondern um spirituelle Wege, mit der Angst umzugehen, sein Herz aus der Enge zu befreien. Angst kann zum Engel werden, wenn man mit ihr Frieden schließt und sie zum Freund macht auf dem Weg zu mehr Lebendigkeit. Im Gespräch mit der Bibel, im Hören darauf, wie Jesus mit den realen Ängsten der Menschen umgeht, zeigt der Autor Einsichten, die therapeutisch hilfreich sind.

Der Autor

Anselm Grün OSB, geb. 1945, verwaltet die Benediktinerabtei Münsterschwarzach. Außerdem ist er geistlicher Berater und als Kursleiter tätig. Er gilt als der bekannteste spirituelle Autor unserer Tage. Unter seinen Veröffentlichungen: Das große Buch der Lebenskunst; Gelassen älter werden; Das kleine Buch der wahren Liebe; Gesund mit Leib und Seele; Was die Liebe nährt; Einfach leben. Das große Buch der Spiritualität und Lebenskunst; Was soll ich tun?; Dem Glücklichen schlägt keine Stunde; Das kleine Buch vom wahren Glück. Mit seinem periodischen Einfach-Leben-Brief erreicht Anselm Grün eine große Leserschaft (vgl.www.einfachlebenbrief.de)

Anselm Grün

Verwandle deine Angst

Ein Weg zu mehr Lebendigkeit –
Spirituelle Impulse

HERDER

FREIBURG · BASEL · WIEN

HERDER spektrum Band 6420

MIX
Papier aus verantwortungsvollen Quellen
FSC® C106847
FSC
www.fsc.org

ISBN 978-3-451-28980-4

www.herder.de

Umschlagkonzeption und -gestaltung:
Agentur R·M·E, R. Eschlbeck und Team
(Kornelia Bunkofer, Liana Tuchel)
Umschlagfoto: © Gettyimages

Satz: Barbara Herrmann, Freiburg
Herstellung: fgb · freiburger graphische betriebe
www.fgb.de

Printed in Germany

ISBN 978-3-451-06420-3

Inhalt

Einleitung

Über das Phänomen der Angst gibt es zahlreiche psychologische Bücher. Schon das ist ein Zeichen dafür, dass dieses Thema heute viele Menschen bewegt. Es ist das Thema, das immer wieder, und in jüngster Zeit verstärkt, auch in Gesprächen auftaucht, die ich führe. Als ich anfing, mich selbst intensiver mit der Angst und ihrer Verwandlung zu beschäftigen, fiel mir erst auf, wie häufig meine Gesprächspartner aus sich heraus davon und von ihren Versuchen erzählten, damit umzugehen. Das Thema begegnet mir immer wieder in den verschiedensten Situationen. Menschen sprechen von ihrer Angst vor der Zukunft, von drohender Arbeitslosigkeit und davon, dass sie dann die finanziellen Belastungen des Haushalts nicht mehr bewältigen können. Sie kommen aber auch unabhängig von der momentan schwierigen wirtschaftlichen Lage, der gegenüber sie sich ohnmächtig empfinden, immer wieder auf das Thema zu sprechen – ob von Krankheit die Rede ist oder vom Älterwerden, ob es um die Angst, verlassen zu werden geht oder um die Angst vor Verletzung und Ablehnung, um die Angst, im Leben zu scheitern und es nicht zu schaffen oder um die Angst vor dem Sterben. Wir leben heute in einer Gesellschaft, die so wohlhabend ist wie nie zuvor in der Geschichte, die über früher undenkbare technische Möglichkeiten verfügt und in der es gegen alle möglichen Risiken Versicherungen gibt. Und doch spüren viele Menschen heute in ihrem Leben Unsicherheit, sie fühlen sich von angstauslösenden Faktoren geradezu umzingelt.

Angst ist natürlich nichts Neues, sondern etwas, was die Menschen seit jeher beschäftigt hat. Und doch scheint unsere Zeit und unsere Gesellschaft heute in besonderer Weise von diesem Lebensgefühl geprägt zu sein, so sehr, dass der Psychologe Wolfgang Schmidbauer sogar von der „Generation Angst" gesprochen hat. Das hat sicher auch viele Gründe, die nicht nur aktuell bedingt sind. Nach dem Krieg haben viele die Ängste, die sie in Luftschutzbunkern erlebt hatten und die auf der Flucht ihre ständigen Begleiter waren, einfach verdrängt. Sie wollten von der Angst nichts mehr wissen, haben sie gleichsam abgelegt, um sich den Problemen des Überlebens zu widmen. Man könnte auch sagen: Sie sind vor ihrer Angst davongelaufen, indem sie in die Aktivität flüchteten. Doch heute werden viele verlassene Kriegskinder von den alten Ängsten eingeholt. Die Verdrängung hatte sie dazu geführt, einfach zu funktionieren und die eigenen Gefühle zu übergehen. Heute drängen diese Emotionen mit Macht an die Oberfläche. Mit der Angst steigt zugleich die Sehnsucht auf, das eigene Leben anzuschauen, darüber zu sprechen und sich damit auszusöhnen.

Der russische Romanautor Daniil Granin beschreibt sein eigenes Leben in einem autobiographischen Rückblick unter dem einprägsamen Stichwort „Jahrhundert der Angst". Er meint damit die Erfahrung des Krieges und das Leben unter einem totalitären Staat. Auch bei Menschen, bei denen die Erfahrung des Totalitarismus nicht so tief greifend oder lang anhaltend war, können weit zurückliegende Erfahrungen eine starke Nachwirkung haben. Die Angst, die heute viele Menschen der älteren Generation bewegt, kann in der Tat mit den verdrängten Ängsten der Kriegsgeneration zusammen hängen. Sie beschränkt sich aber nicht auf eine Altersstufe und sie hat auch neue Wurzeln. Während der Weg nach dem Krieg immer nur bergauf ging, scheint er jetzt nach unten zu führen, in ein nebliges Tal. Dort unten ist es dunkel und kalt. Man fühlt sich nicht wohl in diesem Tal. Eine undurchsichtige Zukunft macht unsicher. Und vieles, was dort unten geschieht, erzeugt Angst. In der Arbeitswelt ist ein rauer Ton an der Tagesordnung. Eine Frau erzählte kürzlich von ihrem Büroalltag, der seit einiger Zeit geprägt ist von einem stets brüllenden Chef und Kolleginnen, die sich aus Furcht ducken. Das Beispiel zeigt, wie verflochten die Situation ist: Die aggressiven Angstmacher sind selbst voller Angst. Und so verbreiten sie um sich herum immer mehr Angst und verstärken die Unsicherheit in ihrer Umgebung. Es braucht schon ein starkes Selbstvertrauen, um sich von dieser angstbesetzten Atmosphäre nicht anstecken zu lassen. Doch nicht nur im kleinen Raum der individuell erfahrbaren Arbeitswelt ist das Klima infiziert. Auch die Zukunftsprognosen der Politiker und Wirtschaftsforscher erzeugen Angst. Die organisierte Kriminalität und die terroristischen Netzwerke lassen manche vor Angst kaum mehr schlafen: Die ganze Welt verwandelt sich für sie in ein angstbesetztes dunkles Szenario der Bedrohung.

Es handelt sich bei all dem nicht um etwas Irreales. Die Menschen haben reale Ängste. Eine der wichtigsten Ängste kreist um die eigene Zukunft, nicht nur um die wirtschaftliche, sondern auch um die gesundheitliche und um die familiäre Zukunft, um die Frage, ob die Beziehung in der Ehe hält, ob die Familie zusammenhält. Neben diesen realen Ängsten gibt es auch irrationale – etwa die Angst vor der Angst. Viele Menschen werden davon geplagt. Sie haben Angst, die Angst könne derart Besitz von ihnen ergreifen, dass sie davon gelähmt und am Leben gehindert werden. Immer mehr Menschen leiden heute unter Panikattacken. Die Angst hindert sie, nach draußen zu gehen. Sobald sie in einem engen Raum sind, ergreift sie Panik. Sie müssen augenblicklich heraus aus der Enge, um sich überhaupt aushalten zu können. Angst wird hier bedrohlich.

Das deutsche Wort „Angst“ kommt von Enge. Dort, wo es eng wird, bekomme ich Angst. Ich möchte am liebsten fliehen. Doch es geht nicht nur um die äußere Enge. In der Angst wird auch das Herz eng. Der Atem wird eingeengt und geht nur noch flach. Man bekommt keine Luft mehr und hat Angst, zu ersticken. So ein flacher Atem fördert nicht nur die Angst, sondern auch die Depression. Bei einem flachen Atem verlieren wir unsere Kraft. Wir können der Angst nichts mehr entgegen setzen. Panik ist gesteigerte Angst. Das Wort „Panik“ kommt vom griechischen Wald- und Hirtengott Pan. In der Gestalt eines Bockes tauchte er aus dem Nichts auf und jagte den Menschen einen gewaltigen Schrecken ein. Dabei war er oft nicht sichtbar. Daher steht „Panik“ für einen plötzlichen und undeutbaren Schrecken, der uns erfasst und gegen den wir uns nicht wehren können. Wenn Menschen von Pan in Schrecken versetzt werden, dann flüchten sie wie aufgescheuchte Tiere. Die Griechen nannten solche grundlose Furcht „panikos = von Pan herrührend“. Wir sprechen von panischer Angst und panischem Entsetzen. Sie ergreift uns, ohne dass wir etwas gesehen oder erlebt hätten, das Angst auslösen könnte. Sie steigt in uns auf und versetzt uns in Schrecken. Dann versuchen wir zu fliehen. Menschen, die an Phobien leiden, etwa an Platz- oder Raumangst, werden oft von dieser panischen Angst erfasst. Oft aber überfällt sie uns aus heiterem Himmel. Wir können uns oft nicht erklären, warum wir in Panik geraten. Wir erleben diese Angst wie ein plötzliches Erscheinen eines furchterregenden Schreckenstieres, das uns in die Flucht schlägt. Viele sprechen davon, sie würden an Panikattacken leiden. Sie erleben die Panik wie einen feindlichen Angriff, dem sie sich plötzlich ausgesetzt fühlen.

Daniil Granin bezieht sich in seinem Buch über das „Jahrhundert der Angst“ auf eine

Definition der alten Griechen: „Schreck ist Angst, die erstarren lässt. Scham ist Angst vor dem Verlust der Ehre. Krankhafte Verzagtheit, Furcht ist Angst vor dem Handeln. Entsetzen ist Angst, die einem die Sprache verschlägt. Qual ist die Angst vor dem Unbestimmten." (Granin 6) Schon die Griechen der Antike kannten also die Angst in vielen Ausprägungen. So zeigt sich auch bei uns die Angst in vielen Facetten. Wenn man sie auf ihre Funktion hin befragt, dann könnte man von einem Doppelgesicht sprechen: Es gibt die Angst, die uns zittern lässt. Aber es gibt auch Ängste, die uns auf etwas Wichtiges in unserer Umwelt oder in unserer Seele hinweisen. Es gibt die Angst, die uns auf Gefahren verweist. Und es gibt die Angst, die uns mahnt, unser Maß nicht zu überschreiten.

Psychologen und Philosophen sind sich darüber einig, dass Angst nicht nur etwas Schlechtes ist. Angst ist für den Menschen notwendig. „Sie ist ein Alarmsystem, das uns vor Bedrohungen warnt," sagt der Psychologe Heinrich von Stietencron. Die Angst zeigt mir immer, dass ich mich bedroht fühle.

Und sie regt mich an, mich gegen die Bedrohungen zu schützen. Angst kann Kräfte in mir mobilisieren, damit ich wachsamer und achtsamer auf Gefahren reagiere. Die Bedrohungen, auf die die Angst in uns reagiert, können von außen und von innen kommen. Die Angst bezieht sich dabei nie nur auf ein „Wovor“, sondern immer auch auf ein „Worum“. Worum habe ich Angst? Habe ich um Menschen Angst, die mir lieb sind? Oder habe ich um mich selbst Angst, um mein Leben, meine Gesundheit, mein Heil? In unserer Angst steckt also letztlich Hoffnung auf Leben. Letztlich ist Angst „Ausdruck von Begrenztheit und Vergänglichkeit, aber zugleich Ausdruck auch von Hoffnung und Verlangen“, sagt der Philosoph Ulrich Hommes. Er verweist auf Franz Kafka, dessen Werk wesentlich um die Angst kreist. Kafka hat in der Angst letztlich die Sehnsucht nach Leben und Liebe gesehen. In einem Brief an seine Verlobte schreibt er einmal: „Allerdings ist diese Angst vielleicht nicht nur Angst, sondern auch Sehnsucht nach etwas, was mehr ist als alles Angsterregende.“ Hier ist etwas ganz Wichtiges gesehen. Daher geht es in diesem Buch auch nicht darum, zu zeigen, wie wir alle Ängste überwinden zu können. Es geht vielmehr darum, dass wir lernen, mit der Angst zu leben. Sobald ich mich aussöhne mit meiner Angst, wandelt sie sich. Sie ist weiterhin da. Aber sie hat mich nicht mehr im Griff. Angst gehört wesentlich zum Menschen. Ohne Angst hätten wir kein Gespür für das rechte Maß. Wir würden uns ständig überfordern. Die Angst zeigt mir meine Grenzen auf. Und normalerweise soll ich meine Angst ernst nehmen. Sie zeigt mir, dass ich hier nicht weiter gehen soll, da ich sonst Gefahr laufe, in einen Abgrund hinabzustürzen.

Die Angst weist uns auf unsere Grenzen hin. Doch in uns ist auch eine Tendenz, grenzenlos zu sein. Eugen Drewermann sieht in seiner tiefenpsychologischen Auslegung der Schöpfungsgeschichte die Urversuchung von Adam und Eva darin, sein zu wollen wie Gott, ohne die Begrenzung durch unseren Leib und unsere Psyche zu akzeptieren. Auch der Psychologe Willi Butollo sieht die Angst im Zusammenhang mit dem Thema

Grenze und Grenzenlosigkeit: „An die Grenzen der eigenen Macht zu stoßen, erzeugt für das denkende Ich enorme Angst, existentielle Angst. Wenn der Mensch an die Grenzen seiner Macht erinnert wird, dann ist das für den Teil in ihm, der sich selbst als grenzenlos, gottgleich sehen möchte, eine existentielle Bedrohung." (Butollo 186) Die Angst hat also die positive Funktion, mich immer wieder an meine Grenzen und meine Menschlichkeit zu erinnern. Ohne Angst verlieren wir das Gespür für unsere Menschlichkeit. Wir übernehmen uns. So hat die Angst die Funktion, unsere Fassaden und Masken zu zerstören und uns menschlicher und zugleich entwicklungsfähiger zu machen (vgl. auch Herrad Schenk, Psychologie heute, August 2005, 27).

Aber es gibt Ängste, die mich am Leben hindern. In mir kann Angst aufsteigen, ohne dass ich vor einem Abgrund stehe. Irgendetwas in mir wird eng. Ich kann es oft nicht verstehen. Die Angst lähmt mich. Ich kann nicht weiter. Sie bedroht mich. Alles in mir zieht sich zusammen. Ich weiß nicht mehr, wie ich reagieren soll. Solche Ängste können zerstörerisch sein. Sie schließen mich wie in einem Gefängnis ein, aus dem ich nicht ausbrechen kann. Mein Leben reduziert sich immer mehr. Die Angst verhindert ein Leben in Fülle, wie es uns Jesus versprochen hat (Joh 10,10). Von solcher Angst möchte ich frei werden. Der normale Weg, sich von der Angst zu befreien, besteht darin, sie anzuschauen und mit ihr ins Gespräch zu kommen. Dann kann ich erkennen, was die Angst mir sagen will: Ob sie mich auf meine Grenzen hinweist oder aber auch auf neurotische Muster, die sich in mich eingegraben haben und mich am Leben hindern. Wenn die Angst größer ist als die reelle Gefährdung, dann weist sie immer auf neurotische Störungen hin. Solche neurotischen Ängste behandelt die Therapie. Doch in diesem Buch soll es nicht um die klassische Therapie gehen, sondern um spirituelle Wege, mit der Angst umzugehen. Im Zentrum stehen soll, was ich die Angsttherapie Jesu nennen will. Als ich die Bibel zu dem Thema Angst befragte, kamen mir wichtige Einsichten, die auch für jede psychologische Therapie charakteristisch sind. Doch zugleich zeigte sich mir immer klarer: Die biblischen Texte haben eine eigene Kraft, die Angst zu verwandeln. Sie überspringen die Angst nicht, sondern lassen sie zu. Aber sie laden uns ein, sie anzuschauen und sie auszuhalten und sie in die Begegnung mit Gott einzubringen. Die Art, mit der Jesus angsterfüllte Menschen behandelt, wie er sie berührt und wie er sie anspricht und mit ihnen über ihre Angst und den Weg der Verwandlung spricht, zeigt uns Jesu Weisheit und sein Gespür, sich auf jeden Einzelnen behutsam und achtsam einzulassen.

Manchmal kenne ich in mir selber eine eigenartige Angst. Im sonntäglichen Konventamt taucht etwa die Angst auf, dass der Mitbruder, der zum Predigen eingeteilt wurde, auch wirklich da ist. Vielleicht hat er es vergessen. Dann höre ich bei der Verkündigung des Evangeliums genau hin und überlege mir, was ich jetzt spontan predigen könnte, wenn der zum Predigen bestimmte Mitbruder es vergessen hätte. Mit dieser Angst hörte ich am 12. Sonntag im Jahreskreis aufmerksam das Evangelium aus Matthäus 10,26–33. In diesem Evangelium fordert Jesus die Jünger dreimal auf: „Fürchtet euch nicht!" Beim Hören des Evangeliums kam mir der Gedanke, dass Jesus hier auf drei verschiedene Weisen von Angst antwortet und eine Therapie für unsere ganz verschiedenartigen Ängste anbietet. Das hat mich dazu ermutigt, in der Bibel genauer nachzusehen, was sie uns zum Thema Angst sagt und was sie uns für den Umgang mit der Angst rät. Und in der Tat: In der Bibel habe ich viele Ängste wiedergefunden, die heute die Menschen bedrücken. Es war für mich interessant, die Ängste der Menschen, die vor zweitausend Jahren Jesus begegnet sind, mit den heutigen Ängsten zu vergleichen und die heutigen Ängste im Licht dieser alten Texte zu sehen und zu verstehen.

Wenn ich in diesem Buch von der Bibel und ihrem Umgang mit der Angst ausgehe, so möchte ich damit nicht den therapeutischen Umgang mit der Angst übergehen. Oft sind die Ängste so stark, dass sie einer Therapie bedürfen. Doch nicht jede Angst muss ich in einer Therapie verarbeiten. Die Bibel gibt uns spirituelle Wege an, wie wir mit unserer Angst umgehen können. Diese spirituellen Wege helfen uns, mit den normalen Ängsten, die einfach zu unserem Leben gehören, besser umzugehen. Aber die spirituellen Wege sind auch hilfreich, wenn wir von neurotischen Ängsten geplagt werden. Sie möchten die Therapie nicht ersetzen. Doch auch in einer Therapie ist es sinnvoll, diese spirituellen Wege zu gehen. Sie unterstützen den therapeutischen Prozess.

Mir ist bei der Beschäftigung mit den vier Evangelien aufgegangen, wie gut Jesus den Menschen kennt. Es hat mich fasziniert, wie Jesus auf die verschiedenen Ängste reagiert, die er in den Menschen wahrnimmt. Ich lese die Bibel natürlich immer auch vor dem Hintergrund meiner Erfahrungen mit den Menschen, die ich begleite. Daher beschränke ich mich nicht auf die historische oder theologische Auslegung. Ich versuche, die biblischen Texte immer auch durch eine psychologische Brille zu betrachten. Dies ist sicher nur eine Weise, mit der Bibel umzugehen. Und damit möchte ich die vielen anderen Auslegungsweisen auch nicht abwerten. Es gibt immer viele Wege, sich dem Geheimnis der Bibel zu nähern. Ich habe beim Lesen der vier Evangelien nicht nur die Weisheit Jesu neu entdeckt, sondern auch die Weisheit der Evangelisten. Jeder hat offensichtlich andere Erfahrungen mit der Angst gemacht und Jesus daher auf seine ganz persönliche Weise als Angsttherapeut beschrieben.

Schon seit einigen Jahren werde ich immer wieder gefragt, ob ich das Thema Angst einmal behandeln möchte. Ich habe mich bisher immer geweigert. Denn wenn ich in der Bibliothek unter dem Stichwort Angst nachgesehen habe, war meine spontane Reaktion immer wieder die gleiche: Es ist doch zu diesem Thema eigentlich schon alles gesagt worden. Ich werde auch nichts Neues beitragen können. Doch als ich das Matthäus-Evangelium hörte, kam in mir die Idee auf, Jesu Angsttherapie einmal näher anzusehen und mich, davon inspiriert, mit dem Thema der Angst in seiner aktuellen Dimension zu beschäftigen.

Es ist gewiss ein beschränkter Zugang zu diesem weiten Thema. Aber ich vertraue darauf, dass gerade dieser biblische Zugang vielen hilft, mit ihrer Angst so umgehen zu lernen, dass sie davon nicht gelähmt werden, sondern Vertrauen finden in den Gott, der unsere Angst verwandelt in einen Weg zu einem menschlicheren und achtsameren Leben.

In der folgenden Darstellung möchte ich mich vor allem auf die beiden Evangelien nach Matthäus und Lukas konzentrieren. Bei beiden Evangelisten kann man beobachten, dass ihnen das Thema der Angst wichtig ist und dass sie Jesus als Erlöser unserer Ängste schildern. Das Thema Angst kommt in der Bibel selbstverständlich immer wieder vor. Vor allem in den Psalmen und bei den Propheten finden wir sehr aufschlussreiche Stellen dazu. Das Thema im Blick auf die ganze Bibel zu behandeln, würde jedoch den Rahmen dieses Buches sprengen und auch meine Möglichkeiten überschreiten. Mich aber hat vor allem der Umgang Jesu mit der Angst fasziniert. Auf diesen Aspekt beschränke ich mich also ganz bewusst.

Die Angst, sich auf Neues einzulassen

Viele sind froh, wenn sie etwas Neues kaufen, wenn das Haus nach der Renovierung wie neu erscheint und wenn die Firma erneuert wird. Doch nicht immer ist das so. Das Neue kann auch Angst machen. Heute ist die Sehnsucht nach Neuerungen eher der Angst vor dem Ungewissen gewichen. Wenn eine Firma umstrukturiert wird, löst dies häufig vor allem Befürchtungen aus. Es ist die Angst, den Arbeitsplatz zu verlieren. Das Neue wird erfahrungsgemäß auf Kosten der alten Mitarbeiter durchgesetzt, ohne Rücksicht auf Verluste. Wer sich in seinem Beruf viele Kenntnisse erworben hat, schaut Neuerungen, die diese Kenntnisse in Frage stellen oder überholen, eher skeptisch entgegen. Er erwartet von noch so effektiven und hoch gepriesenen technischen Revolutionen nichts Gutes. Neue Wege, neue Methoden, neue Produkte lösen Angst aus.

Die Angst vor dem Neuen beschränkt sich selbstverständlich nicht nur auf die Arbeitswelt. Sie beginnt schon bei Kindern. Sie brauchen erst einmal Geborgenheit. Dann freuen sie sich auch auf Neues. Doch wenn das Neue immer das Unerwartete und Unangenehme war, dann wird jede Neuerung in ihrem Herzen Angst aufsteigen lassen.

Von solcher Angst vor dem Neuen als einer Grunderfahrung des Menschen sprechen Matthäus und Lukas schon zu Beginn ihres Evangeliums. Dort, wo das göttliche Kind geboren wird, das alles neu macht, muss Gott selbst erst die Angst vor dem Neuen in den Herzen der Beteiligten ansprechen und verwandeln.

Die Kindheitsgeschichte Jesu ist vom Thema Angst und Vertrauen geprägt. In jeder Therapie fragen wir nach den Ursachen der Angst in der Kindheit. Das Kind erfährt von der Mutter Urvertrauen ins Leben und vom Vater Mut, ins Leben hinaus zu gehen und es selbst in die Hand zu nehmen. Oft ist diese Erfahrung aber nicht stark genug, um die Ängste, die ein Kind *auch* hat, zu überwinden. Kinder haben Angst vor der Nacht und vor den Träumen, in denen sie sich wilden Tieren hilflos gegenüber sehen. Die Seele des Kindes ist sehr empfänglich für beides – für Botschaften des Vertrauens und der Angst. Ein Kind sehnt sich danach, in den Armen der Mutter geborgen zu sein und in der Nähe des Vaters innere Festigkeit und Mut zu erfahren. Und es hat zugleich aber auch Angst, die Eltern zu verlieren. Diese Angst gehört zu jedem Kind. Sie gründet letztlich in der Trennungsangst, die das Kind schon bei der Geburt befällt. Die Angst kann im Kind krankhaft werden. Dann wird jedes Verlassen des Hauses durch die Mutter für das Kind zu einem Albtraum. Es kann es kaum aushalten. Solche Ängste können von Erfahrungen im Mutterleib herrühren oder von frühkindlichen Verlassenheitsängsten. Ein Mann erzählte, dass er als Kind immer in den dunklen Keller gesperrt wurde. Dort sah er dämonische Fratzen. Die Mutter hatte ihm gesagt, er sei vom Teufel besessen, wenn er so unartig sei. Diese frühe Erfahrung holt den Mann heute noch oft ein. Er bringt es als erwachsener Mann nicht fertig, in einen dunklen Keller zu gehen. Und manchmal in der Nacht wacht er auf, weil er solche dämonischen Fratzen sieht. Je früher die Ängste in der Kindheit als bedrohlich erfahren wurden, desto schwieriger sind sie aufzulösen. Wir können uns nur den Erfahrungen der Angst in der Kindheit stellen und versuchen, durch die Erinnerung und das Anschauen das Angstmachende zu entmachten. Dabei hilft es uns, wenn wir uns auch an die Erfahrungen des Vertrauens und des Geborgenseins erinnern, die es uns als Kind ermöglicht haben, mit und trotz unseren Ängsten zu überleben.

Sigmund Freud meint, die Angst entstehe im Kind, wenn es die wichtigen Triebregungen wie Sexualität und Aggression unterdrücke. Das ist sicher ein mögliches Erklärungsmodell für viele Ängste, vor allem für Ängste, die keinen realen Hintergrund haben. Solche Ängste werden oft durch zwanghaftes Verhalten abgewehrt. Die Angst vor der eigenen Aggression versuchen manche durch besonders angepasstes Verhalten zu überwinden. Eine zu sanfte Stimme weist oft auf unterdrückte Aggression hin. Psychologen erklären heute die Ursachen der Angst anders als die klassische Psychoanalyse. Für die Verhaltenstherapie ist „Angst eine Emotion, die auf einer Bewertung einer bedrohenden Situation beruht“ (Günther 88). Oft bewerten wir eine Angstsituation unangemessen und unrealistisch. Dann reagieren wir auf kleine Gefahren schon mit großer Angst. Beides ist wohl wichtig: die Ursachen in der Kindheit zu erforschen und sich zu fragen, wie ich jetzt diese konkrete Situation bewerte. Oft bewerten wir falsch, weil sich die Bewertungsmuster aus der Kindheit in unserer Seele fest gesetzt haben.

Matthäus und Lukas beginnen ihr Evangelium jeweils mit der Geschichte der Kindheit Jesu. Doch sie beschreiben weniger die Angst des Kindes als vielmehr die Angst der Erwachsenen vor dem Neuen, das in Gestalt des Kindes in ihr Leben einbricht. Matthäus schildert drei verschiedene Reaktionen auf den Einbruch des Neuen. Josef ist verwirrt durch die Schwangerschaft seiner Verlobten. Er möchte sie heimlich entlassen, sie also ohne rechtliche Sanktionen wieder freigeben. Normalerweise sollte eine Frau, die vor der Ehe schwanger war, gesteinigt werden. Josef wollte nicht dem Buchstaben des Gesetzes gerecht werden, sondern dem Menschen Maria. In seine Überlegungen hinein erscheint ihm im Traum ein Engel des Herrn und spricht ihn an: „Josef, Sohn Davids, fürchte dich nicht, Maria als deine Frau zu dir zu nehmen; denn das Kind, das sie erwartet, ist vom Heiligen Geist." (Mt 1,20) Mit dem Kind, das Maria gebiert, bricht in der Tat etwas Neues und Unvorhergesehenes in das Leben des Josef ein. Bisher hat er immer getan, was richtig ist. Er hat sich in seinem Leben eingerichtet und nach Gottes Geboten gelebt. Das hat ihm Sicherheit verliehen und zugleich Vertrauen, dass sein Leben gelingen wird. Jetzt handelt Gott an ihm auf eine Weise, die er sich nicht erklären kann. So braucht er die Ermutigung des Engels, sich nicht zu fürchten und sich auf das Neue einzulassen.

Die zweite Reaktion auf den Einbruch des Neuen zeigen uns die Magier aus dem Osten.

Sie haben den Stern aufgehen sehen, der den neugeborenen König verkündet. Sie sind fasziniert und machen sich auf den Weg, um den neugeborenen König anzubeten. Ihre Antwort ist also: Sie überwinden die Angst vor dem Neuen, indem sie es in ihr Leben integrieren.

Die dritte Reaktion auf die Angst vor dem Neuen schildert uns Matthäus in der Reaktion des Königs Herodes. Herodes hat Angst vor dem Kind, das die Magier aus dem Orient als den neugeborenen König der Juden bezeichnen: „Als der König Herodes das hörte, erschrak er und mit ihm ganz Jerusalem." (Mt 2,3) Der Mächtige hat Angst, das Neue könne ihn entmachten. Herodes hatte Macht über das Land und über die Menschen. Doch seine Macht war nicht Ausdruck seiner inneren Stärke, sondern sie war geprägt von seiner Angst. In seiner Angst hat er all seine Rivalen grausam ermordet. Aus der selben Haltung heraus muss er auch nach dem neugeborenen König der Juden forschen. In seiner Angst lässt er alle Knaben bis zum Alter von zwei Jahren töten. Herodes ist in seiner Angst gefangen.

Und seine Politik, die er betreibt, ist eine Politik aus Angst. Und so verbreitet er überall um sich herum nur Schrecken. Menschen, die aus Angst an ihrer Macht festhalten, missbrauchen die Macht. Und sie können sich nur an der Macht halten, indem sie andern Angst machen.

Das Neue, das uns Gott verheißt, ist immer der Tod des Alten. Wir möchten an uns und unserem Leben festhalten. Wir haben uns eingerichtet und möchten nicht von neuem beginnen. Das Neue fordert uns heraus, das Alte loszulassen. Das Alte kennen wir. Vom Neuen wissen wir nicht, was es mit sich bringt. Wenn in einer Gemeinschaft neue Ideen geäußert werden, befürchten viele, die sich bisher in der Gemeinschaft wohl gefühlt haben, sie würden das Vertraute verlieren. So ist es in der Kirche, in einer klösterlichen Gemeinschaft, aber ebenso in einem Verein oder in einer Firma, in der sich viele mit Begeisterung für etwas engagiert haben. Doch wenn all das plötzlich nicht mehr gelten, wenn alles anders gehen soll, dann löst das Angst aus. Es ist die Angst, das ganze

Leben lang möglicherweise auf die falsche Karte gesetzt zu haben, sich für etwas eingesetzt zu haben, was nun abgeschafft wird. Das tut weh. Und viele verdecken ihre Verunsicherung, indem sie mit vielen Argumenten das Alte verteidigen oder das Neue auf irgendeine Weise sabotieren.

In der Bibel geht es – wie in unserem Leben – nicht nur abstrakt um das Neue. Die Geschichte erzählt von einem neugeborenen König. Das Neue soll herrschen in uns. Es geht also um einen inneren Machtwechsel. Doch wir wollen unser Leben im Griff haben. Sobald jemand an unserer Macht kratzt, geraten wir wie Herodes in Panik. Und wir reagieren dann genauso kopflos und aggressiv wie er. Wir wollen das Neue mit Stumpf und Stiel ausrotten, damit es uns nicht gefährlich werden kann. Es ist ein altes Menschheitsthema, das auch die griechischen Tragödien immer wieder aufgreifen. Die Sage von Ödipus, der von seinem Vater dem Tod preisgegeben wird, zeugt von dieser Angst vor dem Neuen, das die Herrschaft streitig macht.

Josef hatte Angst vor dem Unerwarteten und Neuen, das er nicht in sein Weltbild einordnen konnte. Der Engel hilft ihm, diese Angst zu überwinden. Am Ende der Kindheitsgeschichte erzählt uns Matthäus noch von einer anderen Angst. Als Josef hörte, „dass in Judäa Archelaus an Stelle seines Vaters Herodes regierte, fürchtete er sich, dorthin zu gehen“ (Mt 2,22). Er hatte offensichtlich gehört, dass Archelaus genauso grausam war wie sein Vater Herodes. Daher weicht er aus und geht in das Gebiet des anderen Herodessohnes: Philippus. Hier ist es also die Angst vor den äußeren Verhältnissen, in denen das Kind nicht gut und sicher heranwachsen könnte. Das Neue braucht einen Schutzraum, damit es sich entfalten kann. Wenn die Atmosphäre, in die es hineingeboren wird, zu feindlich und zu grausam ist, kann es nicht wachsen. Es ist eine Angst, die wir alle kennen. Wir haben Angst, dass unser verletzlicher Kern untergeht in einer Umgebung, die uns feindlich gesinnt ist. Manchmal drückt sich diese Angst in unseren Träumen aus. Etwas Neues hat sich in uns angemeldet. Wir träumen von einem Kind. Wir stehen kurz davor, authentisch zu werden, mit dem ursprünglichen Bild Gottes in uns in Berührung zu kommen. Aber wir haben Angst, dass uns die äußeren Verhältnisse immer wieder in die alte Rolle zurückdrängen. Im Traum drückt sich das oft so aus, dass wir das Kind fallen lassen, es vergessen oder dass es uns geraubt wird. Wir möchten gerne ganz wir selbst sein. Aber zugleich haben wir Angst, dass wir uns an die Verhältnisse anpassen und unser wahres Bild verleugnen. Das Kind in uns ist genauso schwach wie das Kind Mariens, das Josef schützen soll. Er schützt es, indem er in ein anderes Gebiet zieht, in das Gebiet von Galiläa. Dort fühlt er sich und sein Kind geschützt. Diese Geschichte zeigt uns, wenn wir sie auf der psychologischen Ebene deuten: Wir brauchen für unser inneres Kind einen Schutzraum, damit es heranwachsen und so stark werden kann, dass es sich von den äußeren Umständen nicht mehr beeinträchtigen lässt.

Angst und Vertrauen sind in besonderer Weise aufeinander bezogen. Lukas legt in seiner Erzählung von der Geburt Jesu besonderen

Wert auf das Vertrauen und den Glauben Marias. Maria wird zum Vorbild eines vertrauenden und glaubenden Menschen. Während Zacharias auf die Erscheinung des Engels mit Angst reagiert, lässt sich Maria voller Vertrauen ein auf die Begegnung mit dem Engel. Als der Engel bei ihr eintritt und sie begrüßt, erschrickt auch Maria. Aber sie reagiert nicht mit Furcht und Panik, sondern überlegt stattdessen, was der Gruß zu bedeuten hat. Es ist interessant zu sehen, dass der Mann, der doch sonst eher als rational und überlegt eingeschätzt wird, mit Panik auf die Verheißung des Neuen reagiert, während die Frau die Fassung bewahrt und nachdenkt. Im Griechischen heißt es hier: „dielogizeto = die Worte in sich bewegen, nachdenken, überlegen, mit dem Verstand bedenken". In diese Überlegung hinein spricht ihr der Engel Vertrauen zu: „Fürchte dich nicht, Maria; denn du hast bei Gott Gnade gefunden. Du wirst ein Kind empfangen, einen Sohn wirst du gebären; dem sollst du den Namen Jesus geben." (Lk 1,30f) Maria antwortet auf das Neue, das Gott ihr zutraut, mit Vertrauen und mit der Bereitschaft, sich darauf einzulassen, auch wenn sie nicht vorhersehen kann, was es für sie bedeuten wird. Ihre Antwort, „Mir geschehe, wie du es gesagt hast“ (Lk 1,38), offenbart ihren Mut. Sie stellt sich Gott zur Verfügung. Sie lässt sich auf das Abenteuer ein, auf das Gott sie einlädt.

Vertrauen spielt im Evangelium eine zentrale Rolle. Lukas schildert uns Maria als Urbild des Vertrauens. Jesus ist im Evangelium der, der uns Vertrauen schenkt. Maria wird uns als die vertrauende Frau vor Augen geführt. Doch was können wir von Maria lernen? Wenn wir voller Angst sind, dann hilft uns das Vertrauen Marias auch nicht weiter. Vielleicht bekommen wir sogar noch Schuldgefühle, weil wir nicht so vertrauen können wie Maria. Lukas lädt uns in seinem Evangelium ein, Marias Reaktion auf das Geschehen zu meditieren. Und indem wir das Vertrauen Marias anschauen, kann es in uns eindringen. In der Meditation verinnerlichen wir ihr Vertrauen. Und auf einmal werden wir fähig, wie Maria zu vertrauen. Wir verstummen dann nicht aus Angst vor dem Neuen wie Zacharias, sondern wir bekommen Mut, wie Maria über unsere Gefühle zu sprechen und uns auf das Unaussprechliche und Unsagbare einzulassen, das uns erwartet.

Das „Fiat" der Maria wurde für viele im Glauben verankerte Menschen zum Modell einer Antwort auf ihre eigene Angst vor dem Neuen. Als meine Mutter wusste, dass es mit ihr zu Ende ging, meinte sie, sie könne kaum mehr beten. Sie könne zu Gott nur sagen: „Ja, Herr." Und sie vertraute darauf, dass Gott damit zufrieden sei. Auf das Neue, das in der Geburt eines Kindes auf uns zukommt, und auf das Neue, das uns im Sterben erwartet, können wir nur mit Maria antworten: „Ja, Herr." Oder: „Mir geschehe nach deinem Wort." Diese vertrauensvolle Haltung überwindet in uns die Angst vor dem, was uns im Leben und im Sterben erwartet. Wir haben keine Gewissheit, was auf uns zukommen wird. Sicherheit hatte Maria auch nicht. Sie musste schon bald erfahren, dass dieses Neue für sie auch Leid bringen würde. Der greise Simeon wird ihr nach der Geburt ihres Kindes sagen: „Dir selbst wird ein Schwert durch die Seele dringen." (Lk 2,35)

Das Neue kann in der Tat schmerzlich werden. Es ist wie ein Schwert, das unser Herz durchdringt, das uns verletzt und Altes von Neuem scheidet. Das Neue kann das Alte verwandeln. Aber manchmal wird es das Alte auch abschneiden, weil dies das Neue sonst hindern würde. Und vor diesem schmerzlichen Abschneiden, vor diesem Abschied haben wir Angst. Da brauchen wir wie Maria den Engel, der uns Vertrauen zuspricht. Und wir brauchen Maria als das Urbild und Vorbild des Vertrauens. In der Geschichte christlicher Spiritualität haben viele Menschen im Blick auf Maria das Vertrauen gefunden, mitten in ihrer Angst vor dem Ungewissen die Worte der jungen Frau aus Nazareth nachzusprechen: „Siehe, ich bin eine Magd des Herrn. Mir geschehe, wie du es gesagt hast." In diesem Sinne ist hier das Urbild einer vertrauensvollen Einstellung gegenüber dem Neuen gezeichnet, die die Angst vor dem Ungewissen, das uns erwartet, überwunden hat.

Die Angst, die lähmt

Wir sagen von der Angst, dass sie uns lähmt. Wir fühlen uns gehemmt, weil wir Angst haben, aus uns heraus zu gehen, uns zu zeigen, etwas zu sagen, was von den andern kritisiert werden könnte. Oder wir haben Angst, einen Fehler zu machen. Wir sind wie blockiert. Ein Felsbrocken lastet auf unseren Schultern und hält uns davon ab, aufzustehen und den Weg zu gehen, der uns zum Leben führt. Wir tun lieber gar nichts, als möglicherweise etwas falsch zu machen. Wir haben Angst vor dem Urteil der andern. Die Frage ist, warum wir uns so vor dem Urteil der andern fürchten. Es ist häufig die Unsicherheit der eigenen Identität gegenüber. Wir spüren unseren eigenen Wert nicht und bewerten uns selbst aufgrund des Urteils der andern. Solche Abhängigkeit vom Urteil der andern lässt uns ständig in der Angst leben, negativ bewertet zu werden.

In vielen Familien wird den Kindern immer noch eingeschärft, sich unauffällig und brav zu verhalten. „Was müssen denn die Leute denken, wenn du so schlampig angezogen auf die Straße gehst, wenn du so etwas sagst" usw. Für viele sind solche Worte wie ein Damoklesschwert, das bedrohlich über all ihrem Reden und Tun schwebt und jederzeit auf sie herabfallen kann. Bei allem, was sie tun, überlegen sie sich, was die andern wohl denken könnten. Ihre Sicherheit beziehen sie offensichtlich vom Urteil der Menschen. Wenn ich im Gespräch solchen Menschen mit Vernunftgründen zu kommen versuche und ihnen sage, es sei doch wirklich nicht so wichtig, was die andern über sie denken, so hilft ein solcher Appell an die Einsicht oft nicht weiter. Denn die Worte der Eltern haben sich so tief in ihre Seele eingegraben, dass sie durch rationale Überlegungen nicht ausgerottet werden können. Der einzige Weg ist, vom Kopf in den Leib zu gehen, d. h. auf einer ganz elementaren Ebene mit sich selbst in Berührung zu kommen. Ich muss mir bewusst machen, dass ich nicht bei mir selber bin, wenn ich mich von einem solchen Gefühl leiten lasse, sondern bei den andern und ihren Gedanken oder Worten. Wenn mir das klar geworden ist, dann kann ich versuchen, mich zu spüren und bei mir zu sein. Das befreit mich von den ständigen Überlegungen, was die andern wohl denken mögen. Wer sich auf diese Gedanken fixiert, der traut sich z. B. in einer Gruppe nicht, etwas zu sagen. Die Angst, negativ beurteilt zu werden, blockiert ihn. Er bleibt buchstäblich wie gelähmt sitzen und tut nicht das, was ihm sein innerer Impuls eingibt. Das vorgestellte Urteil der andern ist für ihn so stark, dass es ihn daran hindert, die Schritte zu tun, die eigentlich nötig wären.

Manche fühlen sich auch wie gelähmt, wenn sie einen Schritt in einen neuen Lebensabschnitt machen sollen. Psychologen haben festgestellt, dass solche Hemmungen manchmal auch körperlich zu Lähmungserscheinungen führen können. Man kann dann wirklich nicht mehr aufstehen. Weil man sich die Angst vor dem nächsten Schritt nicht eingesteht, übernimmt der Körper die Angst und weigert sich, aufzustehen. Von einer solchen Lähmung ist auch in der Bibel die Rede.

Im 9. Kapitel erzählt uns Matthäus, dass man einen Gelähmten auf einer Tragbahre zu Jesus bringt. „Als Jesus ihren Glauben sah, sagte er zu dem Gelähmten: Hab Vertrauen, mein Sohn, deine Sünden sind dir vergeben!" (Mt 9,2) Jesus erkennt das Vertrauen, das die Träger offensichtlich haben. Sie vertrauen darauf, dass der Kranke geheilt wird. Und er spricht dem Kranken Vertrauen zu. Das griechische Wort „Tharsei" ist „ein Wort der Ermutigung, das in schwerer und auswegloser Lage zu Zuversicht und Vertrauen auffordert" (Grundmann 267). Doch Jesus tut zunächst nicht, was die Träger und der Kranke erwarten. Er heilt ihn nicht, sondern er spricht ihm die Vergebung der Sünden zu. Offensichtlich sieht Jesus, dass seine Lähmung nicht rein körperlich ist, sondern von einer inneren Haltung herwirkt. Diese Haltung ist die Sünde. Sünde, wie ich sie hier gedeutet sehe, ist nicht in erster Linie eine Übertretung von Geboten, sondern die Verweigerung des Lebens. Und oft ist es die Angst, die uns dazu führt, uns zu verweigern, nicht das zu tun, was von uns gefordert ist, sondern lieber liegen zu bleiben und zu warten, bis die andern für uns das Nötige tun. Jesus spricht also zuerst die innere Haltung an. Aber er macht sie dem Gelähmten nicht zum Vorwurf, sondern er sagt ihm die Vergebung Gottes zu. Er ist angenommen, so wie er ist, auch mit seiner Lebensverneinung und Lebensverweigerung. Er darf vertrauen, dass Gott ihn bedingungslos annimmt. Diese innere Erfahrung einer bedingungslosen Daseinsberechtigung, einer Liebe, die dem Menschen gilt, so wie er ist, ist die Voraussetzung, dass unsere Lähmung sich löst.

Viele Therapeuten versuchen, die Ängste, die uns lähmen, verhaltenstherapeutisch zu bearbeiten. Es kann sicher eine Hilfe sein, wenn wir uns einfach darin üben, trotz aller Angst vor einer Gruppe vorzulesen oder in einer Diskussion das Wort zu ergreifen. Dabei kann man lernen, die Angst beiseite zu schieben und trotz aller Beklemmung einfach das zu tun, wovor man Angst hat. Aber letztlich muss die Heilung der Angst tiefer ansetzen. Sie muss die tief in der menschlichen Seele sitzende Angst vor dem Urteil anderer beruhigen. Und das vermag sie nur, wenn wir uns der bedingungslosen Liebe Gottes bewusst sind. Die Vergebung, die Jesus dem Gelähmten zuspricht, ist letztlich die Zusage: Du darfst so sein, wie du bist. Es ist gut, dass du da bist. Erst wenn wir eine solche Zusage annehmen, beruhigt das unsere Angst.

Die Schriftgelehrten, die Jesus bei seiner Zusage der Sündenvergebung beobachteten, dachten, er lästere Gott: Nur Gott kann doch die Sünden vergeben. Sie sagen ihre Gedanken nicht laut. Aber Jesus erkennt sie. Und so reagiert er auf diese Gedanken, die ja wohl auch unsere Gedanken sind. Jesus ist nicht nur der Arzt, der körperlich Kranke heilt. Er kennt die Seele des Menschen. Und daher wendet er sich zuerst an die Seele, an die innere Haltung, die oft zur körperlichen Krankheit führt. Es ist die Haltung der Sünde, der Lebensverweigerung. Letztlich ist es die Angst, die den Menschen lähmt. Und erst als er die Angst mit seinem Zuspruch des Vertrauens und der Vergebung überwunden hat, heilt Jesus den Kranken auch körperlich. Er tut es mit einem Wort: „Steh auf, nimm deine Tragbahre, und geh nach Hause!" (Mt 9,6) Für mich ist dieses Wort in meiner eigenen Geschichte, meine Angst zu überwinden, sehr wichtig geworden. Ich wollte immer gerne aufstehen. Aber zuerst wollte ich erfahren, dass ich gelassen und frei bin, dass meine Selbstunsicherheit und meine Hemmungen von mir abgefallen sind. Ich wollte erst warten, bis ich geheilt sei. Dann, so dachte ich, würde ich aufstehen. Doch Jesus sagt zu dem Kranken, der noch gelähmt auf dem Bett liegt: „Steh auf!" Er soll mitten aus seiner Lähmung, aus seiner Schwäche, aus seiner Hemmung heraus aufstehen. Er soll es einfach versuchen. Er muss nicht zuerst abwarten, bis er die Angst überwunden hat, sondern er muss mit seiner Angst aufstehen.

Und auch das Zweite ist mir an dieser Geschichte des Gelähmten wichtig: Er soll sein Bett unter den Arm nehmen und es mit sich herum tragen. Das Bett ist Zeichen seiner Lähmung, seiner Krankheit, seiner Unsicherheit und Hemmung. Vertrauen zu haben heißt nicht, dass wir ohne Hemmungen sind. Wir sollen vielmehr unsere Hemmungen und Unsicherheiten unter den Arm nehmen und sie mit uns tragen. Aber sie fesseln uns nicht mehr ans Bett. Ich habe mich etwa jahrelang geärgert, dass ich bei Vorträgen manchmal zu schwitzen begann. Ich habe versucht, mich mit psychologischen Methoden in eine Haltung zu bringen, dass ich nicht mehr schwitze. Ich wollte mich in die Haltung der Gelassenheit hinein meditieren. Dann, so dachte ich, könnte ich – ohne zu schwitzen – vor anderen Menschen reden. Aber je mehr ich darauf aus war, mein Schwitzen zu verbergen, desto stärker wurde es. Es wurde erst besser, als ich mich damit aussöhnte und mir sagte: Das gehört zu mir. Ich darf Gefühle zeigen. Ich muss es gar nicht verstecken. Erst dann war es kein Problem mehr. Manchmal kommt es noch vor. Aber es macht mir keine Angst. Am schlimmsten war die Angst vor der Angst. Wenn ich etwas schwitzte, war ich so darauf fixiert, dass es immer stärker wurde. Weil ich jetzt das Schwitzen wie ein Bett unter meinen Arm nehme und es mit mir herum trage, macht es mir nichts mehr aus. Und so kommt es kaum noch auf. Und wenn es doch eintritt, dann schaue ich es liebevoll an. Ich habe jetzt Gefühle. Es bewegt mich etwas. Das darf so sein. Indem ich das Schwitzen zulasse, verliert es seine Macht. Es lähmt mich nicht mehr.

Noch in einer anderen Situation war mir dieses Wort Jesu hilfreich. Früher habe ich vor jedem Kurs sehr lange darüber nachgedacht, welche Übungen ich mache, wie ich alles sinnvoll methodisch aufbaue. Ich stellte mich unter den Druck, die Menschen zufrieden stellen zu müssen. Und ich habe mir oft vor jeder neuen Seminareinheit den Kopf zerbrochen, was wohl jetzt die angemessene Antwort auf den vorher durchgearbeiteten Stoff sei. Das hat mich sehr viel Energie gekostet. Jetzt mache ich mir natürlich auch immer noch Gedanken. Aber ich setze mich nicht mehr unter Druck. Wenn mir zwei Möglichkeiten im Kopf herumgehen, gehe ich mit beiden in den Meditationsraum und sage mir selber: „Steh auf, nimm dein Bett und geh.“ Dann tue ich einfach das, was mir gerade spontan einfällt.

Und das ist dann auch meistens das Richtige. Dieser Satz hat mich von der Angst befreit, alles perfekt machen zu müssen. Ich gehe inzwischen also einfach mit meinen Zweifeln, mit meiner Unsicherheit, mit meinen Hemmungen zu den Kursteilnehmern und tue das, was mir mein innerer Impuls sagt.

Damit mich die Angst nicht lähmt, muss ich sie zulassen und mich mit ihr vertraut machen. Die lähmende Angst verweist mich auf falsche Grundannahmen meines Lebens, etwa auf die Grundannahme, dass ich keinen Fehler machen darf, weil ich sonst von anderen verachtet würde. Indem ich mir diese falsche Grundannahme formuliere, kann ich sie zugleich entmachten. Ich wandle sie um in eine Erlaubnis: Ich darf Fehler machen. Auch mit meinen Fehlern bin ich wertvoll. Das ist der eine Weg. Der andere Weg besteht darin, mir zuzugestehen, wie wichtig mir das Urteil der anderen ist. Ich möchte, dass die anderen gut von mir denken. Wenn ich mir das eingestehe, kann ich meine Sehnsucht, vor andern gut dazustehen, zugleich relativieren: Ja, es liegt mir daran, gut beurteilt zu werden. Aber davon allein kann ich nicht leben. Mein eigentlicher Wert liegt tiefer. Und er ist unabhängig von den Vorstellungen und Gedanken, die sich andere über mich machen. Eine solche Haltung eröffnet neue Wege in eine neue und größere Freiheit.

Die Angst, sich zu blamieren

Die Angst, die uns lähmt, kann sich, wenn man sie näher auf ihre Inhalte anschaut, oft als Angst vor einer Blamage zeigen. Wir haben Angst, uns vor andern zu blamieren. Blamage hat mit Schande zu tun. Wir fühlen uns schändlich, wenn andere über unsere vermeintlich tollpatschigen und unbeholfenen Worte lachen, wenn wir im Reden nicht mehr weiter wissen, wenn wir uns versprechen oder wenn wir uns in irgendetwas verstricken, aus dem wir keinen Ausweg finden. Wir schämen uns, wenn wir uns blamieren. Scham ist die Angst, unsere Ehre zu verlieren. Es ist ein Urbedürfnis des Menschen, vor andern gut da zu stehen. Und zugleich gibt es die Urangst, vor andern beschämt oder entehrt zu werden. Scham gehört zum Menschen. Sie hat eine positive Bedeutung. Sie will uns davor schützen, dass ein anderer von außen in unseren intimen Bereich eindringt und unsere Grenzen in dem Sinn verletzt, dass er uns entblößt. In der Bibel hat Scham daher etwas mit Nacktheit zu tun. Dabei geht es in erster Linie nicht um die Scham vor der Sexualität, sondern um die Scham vor den verletzend-zudringlichen Blicken des andern. Es ist ein Urbedürfnis des Menschen, sich vor den beurteilenden und verurteilenden Blicken anderer zu schützen. Scham heißt ursprünglich eigentlich: etwas bedecken, verhüllen. Wir wollen uns nicht gänzlich den Blicken der andern öffnen. Wir haben das Bedürfnis, für uns zu sein. Wir wollen nicht bloßgestellt und beschämt werden vor andern.

Wir sprechen nicht nur von der Scham als einem menschlichen Affekt, sondern auch von der Beschämung durch andere, wenn andere uns demütigen, uns lächerlich, uns klein machen. Die größte Beschämung ist der Missbrauch. Wir schämen uns aber auch, wenn wir die Aufmerksamkeit anderer als übertrieben empfinden. Wenn wir im Mittelpunkt stehen und alle auf uns schauen, reagieren wir oft mit Scham. Oft entwickelt die Scham eine Strategie des Ausweichens. Wir wollen das, wovor wir uns schämen, absolut meiden. Solche Abwehrstrategien können oft zu krankhaften Formen der Scham führen. Doch Scham als Schutz der eigenen Würde gehört zum Wesentlichen im Menschen. Das hat die heutige Psychologie herausgefunden. Der jüdische Psychoanalytiker Leo Wurmser unterscheidet in seinem Standardwerk „Die Maske der Scham" drei Formen der Scham: den depressiven Schamaffekt, die Schamangst und die schützende Schamhaltung. Viele versuchen, die Scham unter Kontrolle zu halten, weil sie für sie unangenehm ist. Aber gerade das, wovor sie sich schämen, wird dann erst recht offenbar. Das zeigt sich etwa in der Angst vor dem Erröten. Wir möchten nicht, dass die anderen unsere Reaktion wahrnehmen. Doch unser Gesicht spielt nicht mit. Die Schamangst ist letztlich die Angst, „als schwach angeschaut und mit Verachtung abgewiesen zu werden" (Wurmser 109). Wir schämen uns für etwas, das wir am liebsten verbergen möchten. Und wir schämen uns vor andern. Wir möchten nicht, dass sie unsere Blöße sehen.

Im Folgenden möchte ich nicht weiter auf das Thema der Scham eingehen, wohl aber über Jesu Reaktion auf die Schamangst sprechen, wie sie uns in der Aussendungsrede an seine Jünger überliefert wird. Jesus beauftragt die Jünger, in seinem Namen die Frohe Botschaft vom Himmelreich zu verkünden, das nahe ist. Gott ist da. Er ist uns nahe. Zeichen dieser Nähe Gottes sind die Krankenheilungen. Wie Jesus sollen auch die Jünger die Kranken heilen, Tote aufwecken, Aussätzige rein machen und Dämonen austreiben. Jesus verheißt den Jüngern aber keine heile Welt. Vielmehr werden sie Verfolgungen ausgesetzt sein. Man wird sie vor die Gerichte bringen und sie auspeitschen. Jesus weiß, dass die Jünger Angst haben, in solch einer angespannten Situation zu agieren und Rede und Antwort zu stehen. Sie haben Angst vor dem beurteilenden und richtenden Blick anderer. Sie haben Angst, sich bloßzustellen. Doch Jesus sagt ihnen, sie sollten sich nicht sorgen: „Denn es wird euch in jener Stunde eingegeben, was ihr sagen sollt. Nicht ihr werdet dann reden, sondern der Geist eures Vaters wird durch euch reden.“ (Mt 10,19f)

Zwei Aspekte der Angst sind es, die hier angesprochen werden. Zum einen spricht Jesus von Verteidigung. Oft fühlen wir uns tatsächlich wie vor ein Gericht gezerrt. Wir sehen uns gezwungen, uns vor andern für unser Verhalten zu rechtfertigen oder uns gegen Vorwürfe anderer zu verteidigen. Doch je stärker wir uns in die Position der Rechtfertigung begeben, desto mehr sind gleichzeitig wir im Nachteil. Wenn wir anfangen, uns vor andern für unser Verhalten zu verteidigen, kommen wir nie zu einem Ende. Wir suchen dann nach tausend Ausreden, warum wir so und nicht anders handeln und reden konnten. Doch jeder Zuhörer merkt, dass diese Verteidigungsstrategie von Angst geprägt ist. Das Verteidigen verstrickt uns nur noch mehr in unsere Angst. Stattdessen sollen wir auf den Ratschlag Jesu hören: Mach dir keine Sorge, was du reden sollst. Lege dir keine ausführlichen Rechtfertigungen zurecht. Vertraue einfach auf das, was dir dann eingegeben wird. Du musst dich gar nicht rechtfertigen. Du darfst so sein, wie du bist. Suche also nicht selber in dir nach Rechtfertigungsgründen, sondern sage das, was sich in deinem Herzen formt.

Der zweite Aspekt besteht aus der Angst, dass die, vor denen wir reden, uns feindlich gesinnt sein, dass sie uns verurteilen und verletzen könnten. Das ist eine stimmige Beschreibung unserer eigenen Angst. Wenn ich Angst habe, mich beim Sprechen zu blamieren, so gebe ich dem andern auch immer Macht über mich. Ich mache mich und mein Selbstwertgefühl von meinem Gegenüber abhängig. Was er über mich denkt, das ist mir wichtig. Davon hängt es dann ab, wie ich mich selber fühle. Er wird in diesem Augenblick für mich zum Herrscher. Ich gebe ihm Macht über mich. Er wird mir zum Statthalter. Statt meiner selbst hält *er* mich in seiner Hand. Und ich mache mich zu seinem Sklaven, indem ich mich seinem Urteil unterwerfe. Mein Wohlbefinden ist von seiner Zustimmung abhängig. Damit entwerte ich mich selbst. Ich habe Angst vor dem Urteil des andern. Die Angst, mich vor andern zu blamieren, zeigt, dass ich die andern als feindlich ansehe. Sie wollen mir nichts Gutes. Sie schauen nur zu, um mich bloßzustellen, wenn ich einen Fehler begehe. Viele versuchen, in dieser kritischen Situation des Beurteiltwerdens sich innerlich zu verschließen. Man spricht von einem „eingefrorenen Gesicht“, mit dem sie sich für den Blick des andern undurchdringlich machen. Andere versuchen, dem Feind offen zu begegnen. Sie zeigen sich ihm, wie sie sind. Doch wenn diese Offenheit mit Tücke, Intrige und Machtgehabe beantwortet wird, endet das „in vernichtender Scham“ (Wurmser 27).

Jesus weist uns einen Weg, diese Angst zu überwinden. Es ist einmal der Aufruf an uns, uns keine Sorgen zu machen und uns den Kopf nicht darüber zu zerbrechen, wie und was wir reden sollen. „Denn es wird euch in jener Stunde eingegeben, was ihr sagen sollt. Nicht ihr werdet dann reden, sondern der Geist eures Vaters wird durch euch reden.“ (Mt 10,19f) Wir sollen nicht auf die Zuhörer und ihr eventuelles Urteil fixiert sein, sondern aus dem Inneren heraus sprechen. Von den Menschen sollen wir uns ab- und unserem Herzen zuwenden. Dort, in unserem Herzen, spüren wir, was wir sagen sollen. Unser Kopf dagegen versetzt uns in Unruhe und so machen wir uns ständig Gedanken, was die andern über uns denken könnten. Wenn wir mit unserem Innern in Berührung sind, vertrauen wir darauf, dass wir die richtigen Worte in uns fühlen. Jesus verspricht uns, dass in diesen Augenblicken der Geist Gottes selbst durch uns und in uns sprechen wird. Wir müssen uns nicht auf das Gespräch vorbereiten und alle Eventualitäten durchdenken. Vielmehr sollen wir einfach dem trauen, was in dem Augenblick in uns aufsteigt. Das befreit uns von der Angst. Wenn wir dem Geist trauen, der in uns spricht, dann hat der andere keine Macht über uns. Wir sind mit unserem Inneren in Berührung. Wir sprechen aus unserem Herzen und sind nicht fixiert auf den Mächtigen, vor dem wir uns beweisen wollen. Manchmal muss ich mir in solchen Fällen wieder und wieder vorsagen: Der andere hat immer nur soviel Macht über mich, wie ich ihm gebe. Und ich muss mir voller Kraft vornehmen: Ich gebe ihm jetzt keine Macht über mich. Ich traue dem Geist, der in mir spricht. Dann geht mich das Urteil des andern nichts mehr an.

Ein junger Mann erzählte mir, dass er sich vor jedem Vorstellungsgespräch tausend Gedanken darüber mache, was er sagen und wie er auf die Fragen des Interviewers antworten soll. Doch diese Grübeleien lähmen ihn. Sie sind Ausdruck seiner Angst, er könne sich blamieren, er könne schlecht beurteilt werden. Die Fixierung auf das Urteil von außen verstärkt nur seine Angst. Daher ist der Rat Jesu heilsam, sich von der Fixierung auf den andern, auf seine Erwartungen und Urteile, zu lösen und sich dem eigenen Innern zuzuwenden und dem zu trauen, was der Geist Gottes uns an inneren Impulsen schenkt.

Ich kenne viele Menschen, die sich in einer Gruppe nicht trauen, etwas zu sagen. Die andern könnten besser reden als sie. Oder sie haben Angst, sie könnten nicht das sagen, was die andern überzeugt. Die andern könnten denken: Der oder die ist dumm. Der oder die weiß nicht einmal, wie man einen Satz richtig baut. Alle Komplexe, die sie in der Schule aufgebaut haben, kommen hoch. Da ist vor allem immer die Vorstellung, für seine Worte benotet zu werden. Sie haben dieses Benotetwerden so verinnerlicht, dass sie sich selbst ständig bewerten. Und dieses Bewerten hält sie davon ab, spontan das zu sagen, was sie denken. Es gibt zwei Wege, von dieser Angst frei zu werden. Der erste Weg ist: den andern erlauben, dass sie denken dürfen, was sie wollen. Ich brauche mir den Kopf nicht darüber zu zerbrechen, was für Gedanken sie sich machen. Ich bin nicht von ihrem Urteil abhängig. Ich stehe nicht vor ihrem Gericht und bebe nicht vor ihrem Richterspruch. Ich definiere mich nicht über ihre Bestätigung oder Zuwendung, über ihr Urteil oder ihre Verurteilung. Ich definiere mich über Gott. Ich bin in Gottes Hand. Der zweite Weg: Ich bin mit mir selbst in Berührung. Ich horche auf mein Inneres. Ich horche auf das, was in mir aufsteigt. Ich traue den Impulsen meines Herzens. Denn ich glaube, dass in diesen leisen Impulsen der Geist Gottes selbst zu mir spricht. Das befreit mich von dem Geist der Menschen um mich herum, der mir vielleicht feindlich gesinnt ist. Ich lasse mich nicht von der Gesinnung der andern bestimmen, sondern allein von Gott.

Die Angst vor dem Unbekannten in uns

Der Vorsitzende einer Stadtratsfraktion erzählte mir, dass er keine Probleme habe, scharfzüngige Reden zu halten. Während er die Waffe des Wortes benutzt, fühlt er sich stark. Und er spürt, dass die andern vor seinen scharfsinnigen Worten Angst haben. Das genießt er. Doch sobald er sich hinsetzt und zuhören muss, was die andern reden, gerät er in Panik. Die andern könnten entdecken, was hinter seiner selbstsicheren Fassade steckt. Sie könnten seine Schwachstellen entdecken. Wenn er in der Rolle des Zuhörers ist, ist er unsicher. Sobald er sich in der führenden Position des Redenden befindet, fühlt er sich den andern überlegen. Doch andere Rollen verunsichern ihn. Er hat Angst, die andern könnten erkennen, dass hinter seinen spitzen Worten Angst stecken könnte. Er kennt sich offensichtlich selbst nicht genügend. So hat er Angst, die andern könnten in ihm etwas entdecken, was ihm selbst noch verborgen ist. Er spürt, dass er nicht nur der sichere Redner ist, sondern auch ein gegenüber Kritik empfindlicher Mann. Doch das möchte er am liebsten verbergen. Dieses andere, unbekannte Bild darf nicht offenbar werden. Das würde er nicht aushalten.

Ich kenne viele Menschen, die Angst haben vor dem Unbekannten. Sie haben in psychologischen Büchern vom Unbewussten gelesen. Doch sie möchten ihr Unbewusstes lieber nicht ergründen. Denn es könnte gefährlich werden. Sie könnten etwas entdecken, das ihrem bisherigen Selbstbild völlig widersprechen würde. Sie haben Angst, ihr mühsam aufgebautes Lebensgebäude könne zusammenbrechen. Sie sagen: „Es ist doch unsinnig, sich mit sich selbst zu beschäftigen. Wir sollten lieber etwas für andere tun." Und wenn ich dann mit ihnen darüber spreche und sage, dass wir leicht unsere Probleme auf andere projizieren und dass es deshalb hilfreich sei, in das eigene Herz zu schauen, reagieren sie oft mit Panik. Sie würden nicht aushalten, was an innerem Chaos in ihnen aufbrechen könnte. Doch je mehr mich die Angst dazu führt, den Blick in mein Inneres zu vermeiden, desto stärker wird die Angst vor dem Unbekannten in mir.

Von dieser Angst vor dem Unbekannten spricht Jesus, wenn er seine Rede an die Jünger mit den Worten beginnt: „Fürchtet euch nicht vor ihnen! Denn nichts ist verhüllt, was nicht enthüllt wird, und nichts ist verborgen, was nicht bekannt wird. Was ich euch im Dunkeln sage, davon redet am hellen Tag, und was man euch ins Ohr flüstert, das verkündet von den Dächern." (Mt 10,26f) Die Jünger sollen die Botschaft Jesu unter neuen Umständen weitergeben. Jesus spricht diese Worte in diese Situation der Jünger hinein. Wir können sie aber auch auf unsere alltäglichen Ängste beziehen. Dann geht es in diesen Worten um die Angst vor dem Unbekannten in *uns*. Viele Menschen haben Angst, in sich hinein zu schauen. Sie meinen, sie würden dort nur dem Bösen begegnen. Jemand sagte: Wenn ich mich der Stille stelle und alles anschaue, was in mir aufkommt, habe ich Angst, ein Vulkan könne hochgehen. Solche

Worte zeigen, wie pessimistisch sich jemand selbst betrachtet. Er hat Angst, sein Inneres sei ein Vulkan, der jederzeit ausbrechen könnte. Er hält sein Unbewusstes für hochexplosiv. Daher versucht er, den Vulkan in sich zu unterdrücken. Das braucht aber viel Energie. Er muss eine Betonplatte über das innere Chaos legen, um es ruhig zu stellen. So aber lebt er immer in einer inneren Anspannung und mit der Angst, ihm könne einmal die Kraft ausgehen, die er braucht, um die Betonplatte nach unten zu pressen. Und dann könnte es doch eine Explosion geben, und sein mühsam aufgebautes Lebensgebäude wäre zerstört.

Andere haben Angst, die Menschen könnten hinter ihre Fassade blicken und all das Verdrängte und all die Schattenseiten wahrnehmen, die man mit großem seelischen Aufwand vor ihnen versteckt hält. Nach außen geben sie sich korrekt. Aber sie haben Angst, all das Unerledigte und Unaufgearbeitete ihrer Seele könne nach außen dringen. Jemand sagte mir: „Wenn die andern wüssten, wie es in mir aussieht, würden sie mich ablehnen. Dann könnte ich gar nicht leben.“ Auch er verbraucht viel Energie, um die Fassade aufrecht zu erhalten. Und er lebt ständig in der Angst, durch sein Verhalten, seine Worte oder durch empfindliche Reaktionen käme sein inneres Chaos doch noch zum Vorschein. Er muss seine Worte kontrollieren, weil er glaubt, seine verdrängten Schattenseiten seien aus seinen Worten heraus zu hören. Doch je mehr er zu kontrollieren sucht, desto mehr geraten seine Emotionen außer Kontrolle.

Jesus gibt als Therapie für diese Angst an: Was in dir verhüllt ist, das wird sowieso enthüllt. Es lohnt sich nicht, es zu verstecken und zu verbergen. Gott wird es mir offenbaren, aber auch andern. Für Gott steht nichts im Dunkeln. So sagt es schon der Psalm 139: „Würde ich sagen: Finsternis soll mich bedecken, statt Licht soll Nacht mich umgeben, auch die Finsternis wäre für dich nicht finster, die Nacht würde leuchten wie der Tag, die Finsternis wäre wie Licht. – Denn du hast mein Inneres geschaffen, mich gewoben im Schoß meiner Mutter. Ich danke dir, dass du mich so wunderbar gestaltet hast." (Ps 139, 11–14) Dass Gott mein Inneres kennt, ist nicht bedrohlich. Denn er hat es selbst geschaffen, und er hat es wunderbar gestaltet. Für Gott ist das Dunkle in mir also hell. Und es darf so sein, wie es ist. Denn auch das Dunkle in mir ist gut.

Jesus spricht in diesem Dunkeln, das wir am liebsten verdrängen würden, zu uns: „Was ich euch im Dunkeln sage, davon redet am hellen Tag." (Mt 10,27) Jesus ist gerade in meiner Dunkelheit bei mir. Die Dunkelheit ist nicht der Ort der Gottesferne, sondern seiner besonderen Nähe. Dort spricht er zu meinem Herzen. Und er erleuchtet alles in mir mit dem Licht seiner Liebe. Er weiß, was in mir ist. Er enthüllt es mir. Daher brauche ich es vor mir selbst und auch vor andern nicht mehr zu verhüllen. Alles, was in mir ist, ist vom Licht Jesu durchdrungen. Daher ist es nicht gefährlich. Ich brauche keine Angst davor zu haben, im Dunkeln brodele ein Vulkan, der bald hochgehen könnte. Jesus selbst ist in dieses Dunkel hineingestiegen, um es mit seinem Licht zu erhellen. Und er hat seine Worte, Gottes Reich sei nahe, gerade in die innere Finsternis hineingesprochen. Auch dort, wo es in mir dunkel ist, wohin ich nicht gerne schauen möchte, was mir Angst macht, ist Gott mir nahe. Dort ist das Reich Gottes. Auch dort will Gott in mir herrschen. Wenn Gott auch im Dunkeln wohnt, brauche ich keine Angst mehr davor zu haben. Ich darf es anschauen. Ich weiß mich angenommen mit allem, was in mir ist. Das befreit mich von dem Druck, all das Unangenehme in mir zu verstecken. Es darf sein. Es ist von Gottes Licht durchdrungen. Gottes Licht leuchtet in alle Abgründe meiner Seele. Daher darf auch ich in diese Abgründe hinein schauen, ohne zu erschrecken. Walter Benjamin, der jüdische Philosoph, meinte einmal, das Glück bestehe darin, seiner selbst, ohne zu erschrecken, inne zu werden. Diese Worte werden vor dem Hintergrund von Jesu Worten verständlich. Wenn ich in mich hinein schauen kann, ohne zu erschrecken, weil Gottes Licht selbst in mir ist, dann habe ich keine Angst mehr vor mir, dann kann ich glücklich sein.

Die Angst, verletzt zu werden

Tief in uns steckt die Angst vor Verletzung. Wir haben Angst, uns könne jemand physische Gewalt antun. Wenn in der U-Bahn jugendliche Schläger zusammenstehen, geraten manche in Panik. Sie haben Angst, sie könnten auf sie losgehen. Es ist eine reale Bedrohung, der sich heute viele an Bushaltestellen oder in den Bahnhöfen der Städte ausgesetzt fühlen. Aber noch weiter verbreitet ist die Angst, seelisch verletzt zu werden. Menschen, die als Kinder verletzt worden sind, leben in ständiger Angst, wieder verletzt zu werden. Sie haben Angst, wenn ihr Chef laut wird oder wenn eine Kollegin ihre Stimme erhebt. Dann tauchen sofort die Verletzungen der Kindheit auf, als der Vater das Kind angebrüllt und ihm Schläge angedroht hat. Andere haben Angst, jemand könnte ihre empfindlichen Stellen ansprechen. Eine Frau schämt sich wegen der sichtbaren Neurodermitis an ihren Händen. Sie möchte es verbergen. Sie hat Angst, jemand könne es bemerken und sie fragen, was sie da habe. Bei solchen Fragen tauchen in ihr sofort Erinnerungen an die Kindheit auf, in der sie ständig das Gefühl hatte, nicht gut genug zu sein, nicht so auszusehen, wie sie aussehen sollte. Immer hatte der Vater sie wegen ihres Aussehens und ihres Kleidungsstils kritisiert.

Die tiefste Verletzung, die wir jemandem zufügen können, ist: ihn auf den Leib ansprechen. Ein junger Mann wurde von seinem Abteilungsleiter sofort nach der Begrüßung am Morgen aufgefordert, er solle endlich etwas gegen seine schwitzenden Hände tun. Der junge Mann litt selbst unter dieser Eigenschaft. Aber er wusste auch: Das kann man nicht einfach ändern. Respektlos auf den Leib angesprochen zu werden, ist zutiefst verletzend. Denn ich spüre dann, dass ich so, wie ich bin, nicht angenommen bin. Man gibt mir zu verstehen: Ich müsste anders sein. Aber keiner kann aus seinem Leib heraus. Daher ist es für die Sekretärin zutiefst erniedrigend, wenn ihr Chef sie auf ihr Übergewicht anspricht oder sich über ihr Gesicht lustig macht. Mit unserem Leib stellen wir uns dar, wie wir sind. Wenn uns jemand unseres Aussehens wegen verletzt, verletzt er uns tief in unserer Seele. Wir verstecken uns dann immer mehr hinter einer Maske, damit uns keiner mehr verletzen kann. Aber unseren Leib können wir nicht verstecken. Da wird einfach offenbar, wie es in uns aussieht. Es braucht die Ehrfurcht vor der Würde jedes Menschen, damit wir gerne im Leib sind, ohne Angst, deswegen ständig angegriffen oder lächerlich gemacht zu werden.

Die Verletzung des Leibes bezieht sich aber auch auf unsere Emotionen. Der emotionale und psychische Bereich gehört noch zum Leib. Jeder von uns kennt empfindliche Stellen. Eine Frau, die darunter litt, dass sie keinen Partner gefunden hatte, lebte immer in der Angst, in der Schule von Kollegen oder Schülern darauf angesprochen zu werden, warum sie allein lebe. Ein anderer reagiert empfindlich, wenn jemand etwas scharf verurteilt, was ihm einmal widerfahren ist. Wenn jemand sich schuldig fühlt, dann hat er Angst vor der Verurteilung durch andere. Wenn eine Frau als Kind sexuell missbraucht worden ist, hat sie ständig Angst vor Männern, die ihr zu nahe kommen könnten. Sie interpretiert jedes Verhalten eines Mannes vor dem Hintergrund der eigenen Erfahrung. Auf der einen Seite ist sie sehr empfindsam und spürt, wenn Männer zudringlich werden. Auf der andern Seite sieht sie manchmal auch Zudringlichkeit, wo sie gar nicht vorhanden ist. Es ist ihre Angst vor einem erneuten Missbrauch, der sie so überempfindlich macht. Das ist verständlich. Denn die tiefste körperliche Verletzung, die man sich vorstellen kann, ist der sexuelle Missbrauch. Denn da wird nicht nur der Leib, sondern auch die ganze psychische Dimension verletzt. Die Würde und Integrität der Betroffenen wird zerstört.

Diese Angst vor dem Verletztwerden hat Jesus vor Augen, wenn er den Jüngern zuruft: „Fürchtet euch nicht vor denen, die den Leib töten, die Seele aber nicht töten können, sondern fürchtet euch vor dem, der Seele und Leib ins Verderben der Hölle stürzen kann." (Mt 10,28) Seine Therapie für die Angst vor dem Verletztwerden besteht in dem Verweis auf die Seele. Die Seele meint hier weniger den psychischen Bereich, den ich persönlich eher dem Leib zurechne, sondern vielmehr den inneren Raum des Menschen, den göttlichen Kern in uns. Dort, wo Gott in uns wohnt, dort, wo wir ganz wir selbst sind, wo unser göttlicher Funke ist, dort kann uns niemand verletzen. Das befreit uns von der Angst vor bedrohlichen und gewalttätigen Menschen. Und es befreit uns vor Menschen, die uns missbrauchen könnten. Wir wissen, dass sie immer nur den Leib missbrauchen können. Doch der innerste Kern in uns ist unverletzbar. Dort dringen weder anzügliche Blicke noch kränkende Worte hin. Dort wohnt Gott in uns. Und Gottes heilende Nähe schützt unseren Kern vor der bedrohlichen Situation, dass Menschen uns zu nahe kommen.

Die Angst wird durch das Wissen um die unverletzliche Seele nicht einfach aufgehoben. Denn unser Leib und unsere Psyche reagieren weiterhin angstvoll auf die körperliche oder psychische Verletzung. Wenn uns jemand anschreit, wird die Angst unsere Kehle zuschnüren. Wenn uns jemand schlägt, tut es weh. Aber die Angst wird relativiert. Wir werden nicht in unserer Tiefe getroffen, nur unser Leib wird berührt. Jesus selbst tröstet uns nicht mit seichten Worten, wie: „Du brauchst keine Angst zu haben. Es vergeht schon. Gott hilft dir schon." Vielmehr verlagert er die Angst. Wir sollen uns nicht vor denen fürchten, die den Leib töten, sondern vor dem, der Seele und Leib in das Verderben der Hölle stürzen kann. Die Gottesfurcht befreit uns von Menschenfurcht. Indem wir die Furcht auf Gott richten, verwandelt sich unsere Furcht vor den Menschen, die uns mit ihrer Drohgebärde Angst einjagen möchten.

Dabei geht es aber nicht darum, uns vor Gott zu fürchten. Gott fürchten meint vielmehr: ihn ernst nehmen. Leider haben viele Verkünder der Frohen Botschaft dieses Wort missverstanden, so dass sie den Menschen Angst vor Gott machten und Angst vor der

Hölle predigten. Jesus geht es nicht um die Angst vor Gott oder vor der Hölle, sondern um ein Ernstnehmen Gottes und der Möglichkeit, dass unser Leben auch scheitern kann. Indem ich auf die letzte Konsequenz meines Lebens schaue, relativiert sich die Angst vor feindlichen Menschen. Sie können mein Leben letztlich nicht zerstören. Im schlimmsten Fall können sie vielleicht meinen Leib töten, nicht aber meine Seele. Wenn ich mitten in der Angst vor dem Verletztwerden auf Gott schaue, kann meine Angst sich wandeln. Die Angst verschwindet nicht einfach. Aber sie verweist mich auf Gott. Ich gehöre Gott und nicht den Menschen. Tief in meiner Seele weiß ich, dass ich Gott gehöre, ja dass in mir selbst ein göttlicher, ein unzerstörbarer Kern liegt. Die Menschen können nur das Äußere verletzen, nicht aber den innersten Kern, der Gott gehört. In meiner Seele kann ich sicher wohnen, ohne Angst, verletzt zu werden. Und wenn jemand meine Psyche und meinen Leib verletzt, kann ich mich immer wieder in den Raum der Seele zurückziehen. Dann relativiert sich der Schmerz. Im innersten Raum meiner Seele bin ich geschützt. Dort bin ich heil und ganz. Dort hat auch die Angst keinen Zutritt.

Die Angst, allein gelassen zu werden

Die Angst vor dem Verlassenwerden und Alleingelassensein ist eine Urangst, die tief in die Kindheit hinein reicht. Wenn das Kind nachts im Bett schrie und niemand kam, fühlte es sich in der Dunkelheit vollkommen verlassen. Keiner kam, um seinen Hunger zu stillen oder seine Schmerzen zu lindern. Je früher ein Kind eine solche Erfahrung von Verlassenheit macht, desto tiefer gräbt sich diese Erfahrung in die Seele ein. Und oft reagiert dann selbst noch der Erwachsene mit der irrationalen Angst, er werde für immer verlassen und müsse von nun an ganz allein sein Leben fristen. Manche mussten schon im Kindesalter ins Krankenhaus. Dort fühlten sie sich von ihrer wichtigsten Bezugsperson, der Mutter, verlassen. In einer wichtigen Situationen war niemand da. Kinder haben in der Folge dann oft sogar Angst, wenn die Eltern aus dem Haus gehen. Es könnte ja sein, dass sie nie mehr wiederkommen. Daher klammern sie sich oft an die Mutter, um sich sicher zu fühlen. Eine Nichte, die schon sechs Wochen nach ihrer Geburt operiert werden und im Krankenhaus bleiben musste, reagierte lange nach dieser Zeit noch mit Panik, wenn meine Schwester sich nach dem Haare waschen ein Tuch überlegte. Offensichtlich wurde sie dadurch an die Krankenschwestern und somit an das Gefühl des Verlassenseins erinnert. Viele Eltern können sicher aus ihrer Erfahrung ähnliche Geschichten über solche ganz tief sitzenden Ängste erzählen.

Kinder leiden etwa noch lange darunter, wenn ihr Vater die Familie verlassen hat. Solches Verlassenwerden erzeugt nicht nur Angst, oft geben sich Kinder selbst die Schuld daran. Sie fragen sich, was sie falsch gemacht haben. In einer späteren Partnerschaft haben sie dann oft Angst, der andere könne sie verlassen. Und auch da glauben sie, sie seien Schuld, wenn der andere geht. Solchen Menschen fällt jeder Abschied schwer. Der Abschied erinnert sie an den Schmerz, den sie als Kind erlebt haben, wenn sich der geliebte Großvater im Tod für immer verabschiedet hat oder auch, wenn die Mutter für einige Wochen ins Krankenhaus musste.

Eine andere, aber mit den eben beschriebenen Erfahrungen verwandte Form ist die Angst, alleine gelassen zu werden. Wir sprechen ja von Menschen, die sich „mutterseelenallein“ fühlen. Der schützende Raum, den die Mutter geboten hat, ist nicht mehr da. Sie können sich in ihrer Not nicht mehr an sie wenden und ihre Nähe spüren, die ihnen früher jede Angst nahm. Sie haben den Eindruck, in ihrer Angst völlig alleine zu sein. Keiner steht ihnen bei. Keiner hilft ihnen. Sie fühlen sich überfordert und können sich gerade in ihrer Hilfsbedürftigkeit an niemanden wenden. Freunde haben sich zurückgezogen, als sie mit ihrem Leben nicht mehr zurecht kamen. Gerade dann, als sie am meisten jemanden gebraucht hätten, war niemand da, der für sie eintrat. Ein Unternehmer kam zu mir und erzählte: „Wenn ich morgens aufwache, beschleicht mich schon die Angst. Ich kämpfe mit meiner Firma ums Überleben.

Ich arbeite und arbeite, aber ich komme nicht weiter. Die Banken weigern sich, mir weiter Kredit zu geben. Die Angst treibt mich nicht an, sondern sie lähmt mich." Dieser Unternehmer hat den Eindruck, dass ihm niemand beisteht. Allein fühlt er sich überfordert. Aber die, die ihm helfen könnten, wollen oder können nicht.

Wie können wir mit dieser Angst vor dem Verlassenwerden und vor dem Alleingelassensein umgehen? Jesus antwortet auf diese Frage mit einem überraschenden Bild: „Verkauft man nicht zwei Spatzen für ein paar Pfennig? Und doch fällt keiner von ihnen zur Erde ohne den Willen eures Vaters. Bei euch aber sind sogar die Haare auf dem Kopf alle gezählt. Fürchtet euch also nicht! Ihr seid mehr wert als viele Spatzen." (Mt 10,29–31) Er sagt damit: Wenn Gott sich schon um die Spatzen kümmert, die kaum einen Marktwert haben, um wie viel mehr wird sich Gott um uns kümmern. Wir sind in Gottes Hand. Er weiß um uns. Er hat sogar die Haare auf unserem Kopf gezählt, so gut kennt er uns. Mit diesem Sinnbild will Jesus uns zeigen, wie sehr Gott um uns weiß und wie wichtig wir für ihn sind. Gott sorgt sich um uns. Er umgibt uns mit seiner Liebe und Fürsorge. Gott ist um uns wie eine liebende Mutter, zu der wir flüchten, und wie ein verlässlicher Vater, an den wir uns anlehnen können. Und er ist ein Vater, der um uns weiß. Von seiner Zuneigung zu wissen, gibt Halt und Sicherheit.

Es sind im Grunde zwei therapeutische Wege, die uns Jesus hier weist. Der erste Weg ist, den eigenen Selbstwert zu erhöhen: Ich bin wertvoll, weil Gott mich geschaffen hat. Ich bin so wertvoll, dass Gott sogar die Haare auf meinem Haupt kennt. Die Erfahrung der eigenen Würde befreit mich von der Angst, allein gelassen zu werden. Denn wenn ich um meine Würde weiß, dann bin ich mir auch selbst wert, bei mir zu bleiben und mich auszuhalten. Ich verlasse mich dann nicht selber. Ich bleibe bei mir. Ich stehe mir selber bei. Ich bin in mir selbst wertvoll und muss mich nicht klein machen wie ein Kind, das zur Mutter flüchtet. Ich darf dankbar sein für den unendlichen Wert, den Gott mir zugemessen hat.

Der zweite Weg, den Jesus weist, bezieht sich auf die Sorge Gottes um mich. Gott umgibt mich, er lässt mich nicht allein. Für viele ist das kein Trost. Denn sie suchen bei Menschen Zuflucht, wenn sie nicht weiter wissen oder wenn sie sich bedroht fühlen. Doch unsere Erfahrung zeigt auch: Je mehr wir nach Menschen suchen, die uns die Angst nehmen, desto größer ist die Wahrscheinlichkeit, dass wir enttäuscht werden. Es gibt zwar immer wieder Menschen, die uns helfen und uns eine Zeit lang begleiten. Sie können unsere Angst lindern, aber sie vermögen nicht, sie uns ganz zu nehmen. Es ist kein Widerspruch, auf Gott zu vertrauen und sich an Menschen zu wenden. Wenn ich darauf vertraue, dass Gott sich um mich kümmert, dass ich nicht allein gelassen bin, dann kann ich auch mit größerem Vertrauen auf Menschen zugehen und um ihre Hilfe bitten. Im Vertrauen auf Gott mache ich die Erfahrung, nicht verlassen zu sein, sondern umsorgt und geliebt zu werden. Solches Urvertrauen befähigt mich dann auch zu größerem Vertrauen in die Menschen. Ich fühle mich dann nämlich nicht bei jeder Abgrenzung eines andern gleich zurückgestoßen und verlassen. Und ich werde die Menschen nicht mit der Erwartung überfordern, dass sie mir meine Angst nehmen. Die Menschen können mir helfen, indem sie sich nicht abwenden und zu mir stehen. Aber die Angst wirklich loszuwerden, das ist ein innerer Prozess, den ich selbst vollziehen muss – mit Gottes Hilfe. Denn letztlich ist er es, der mir in der Tiefe meines Herzens die Angst nehmen kann. Und wenn diese tiefe Angst beruhigt ist, kann ich frei auf Menschen zugehen, wenn ich sie brauche. Und ich kann dankbar sein für das, was sie mir geben – auch wenn sie mir nie alles geben können.

Die Angst um unsere Beziehungen

Die Angst, verlassen zu werden, beeinträchtigt oft unsere Beziehungen, unsere Freundschaften, die Familie. Doch die Angst um unsere Partnerschaften hat noch eine andere Dimension, die sehr häufig anzutreffen ist. Es ist die Angst, die Beziehung könne nicht gelingen und die Liebe, die ich jetzt spüre, könne verloren gehen, so dass die Beziehung in Routine verflachen und zu einem stummen Nebeneinander würde. Wir hätten uns nichts mehr zu sagen. Und irgendwann, so ängstigen wir uns, ginge die Beziehung dann schließlich auseinander. Oder aber wir könnten dem andern nichts mehr geben. Und besteht dann nicht die Gefahr, dass er sich dann in eine andere Frau oder in einen anderen Mann verlieben wird? Diese Angst setzt uns oft unter Leistungsdruck. Wir wollen dem andern zwar alles recht machen. Aber wir merken bald: Das tut der Beziehung nicht gut. Denn oft spürt uns der andere dann nicht mehr. Er möchte ein Gegenüber haben und nicht jemanden, der ihm jeden Wunsch erfüllt.

Und es ist noch eine andere Angst, die unsere Beziehungen trübt. Oft erwarten wir zu viel von unserer Partnerschaft. Wir erwarten vom Partner, dass er uns absoluten Halt gibt, absolute Liebe, die absolute Geborgenheit. Doch damit überfordern wir den andern. Denn ein Mensch kann uns nie etwas Absolutes geben. Das vermag allein Gott. Wenn ich vom andern absoluten Halt erwarte, dann klammere ich mich an ihn. Er soll meine tiefsitzende Angst vor der Haltlosigkeit meines Daseins beruhigen. Doch er fühlt sich mit dieser Erwartung bedrängt und zieht sich dann eher zurück. Das wiederum verstärkt meine Angst. Jeder Mensch sehnt sich nach Halt und Geborgenheit, nach Sicherheit und Verlässlichkeit. Und oft genug versuchen wir, diese Angst dadurch zu überwinden, dass wir von einem Menschen diesen Halt und diese Geborgenheit erwarten. Doch es ist wie ein Teufelskreis: Je mehr wir uns an ihn klammern, desto größer wird die Angst, dass der andere unsere

Erwartungen enttäuscht und wir mit unserer Enttäuschung allein bleiben. Dieser Weg führt nicht weiter.

Jesus weist uns eine andere Möglichkeit, mit dieser Angst um unsere Beziehungen umzugehen. „Wer Vater oder Mutter mehr liebt als mich, ist meiner nicht würdig, und wer Sohn oder Tochter mehr liebt als mich, ist meiner nicht würdig" (Mt 10,37). Dies sind Worte, die vielen eher Angst machen, als dass sie ihre Angst beruhigen. Jesus will uns mit diesen harten Worten die Augen öffnen, damit wir die Beziehungen richtig einordnen. Er will nicht den Wert der Familie zerstören oder unsere Liebe zu den Eltern oder Kindern gering schätzen. Er weiß allerdings darum, dass wir in Gefahr sind, uns ängstlich an diese Beziehungen zu klammern. Wer als Sohn oder Tochter zu sehr an die Mutter oder an den Vater gebunden ist, den lähmt die Angst, sie verlieren zu können. Er steht in Gefahr, in seinem ganzen Verhalten um die Eltern zu kreisen, bloß um ihnen zu gefallen. Er hat das Gefühl, nicht weiterleben zu können, wenn die Eltern sterben würden.

Doch damit hindert er sich selbst daran, das zu tun, was Gott von ihm will. Er ist nicht offen für den Ruf, der an ihn selber ergehen könnte. Wer nur um andere kreist, verfehlt so das eigene Leben.

Die Probleme liegen auf der Hand, und oft genug sehen wir die Folgen: Die Angst um die Eltern kann die Tochter oder den Sohn unfähig machen, von ihnen weg zu gehen und sich auf eine Partnerschaft einzulassen. Und wenn solche Menschen einen Partner finden, dann heiraten sie manchmal den Vater oder die Mutter und nicht den Mann oder die Frau, die sie lieben – und verfehlen ihn gerade dadurch. Die enge Elternbindung kann dann zur Quelle von Eheproblemen werden: Die Frau kommt nicht an den Mann heran, weil er noch an seine Mutter gebunden ist. Der Mann erreicht die Frau nicht, weil sie ihren Vater verherrlicht, gegen den er keine Chance hat. Wenn Angst den Ehepartner noch an die Eltern bindet, verhindert sie eine neue Beziehung in der Ehe. Ich kann mich nicht auf den andern mit seiner Andersheit und Neuheit einlassen. Wer nur die

Beziehung zu den Eltern kennt, dem macht alles andere Angst.

Wie können wir mit solcher Beziehungsangst umgehen? Auch auf diese Frage finde ich in der Beobachtung des Verhaltens Jesu heilsame Hinweise. Jesus reagiert auf die Angst vor Beziehungen nicht damit, dass er uns moralisierend dazu aufruft, uns gut zu verstehen und besser miteinander zu kommunizieren; die Beziehung würde dann schon wieder gut. Vielmehr nimmt er uns die Angst, indem er den Wert der Beziehungen relativiert. Sie sind nur ein Teil unseres Lebens. Das Wesentliche aber, so ist seine Botschaft, liegt in der Seele jedes Einzelnen. Jeder von uns hat etwas in sich, das über die Beziehungen hinausweist: Es ist der göttliche Kern in uns, die göttliche Berufung. Jeder empfängt von Gott einen Ruf, dem er folgen muss. Konkret heißt das: Es kann in der Ehe auch Phasen geben, in denen ich mich mehr um diesen inneren Ruf kümmere als um die Beziehung. Ich sorge für mich, und wenn ich dann wieder im Einklang bin mit mir selbst, kann ich mich auch wieder dem andern zuwenden. Aber ich bin nicht ständig auf die Angst fixiert, die Beziehung könne misslingen, der andere würde mich nicht verstehen oder er würde sich möglicherweise anders entwickeln. Wenn ich um meine innerste Berufung weiß, vertraue ich auch darauf, dass auch der andere seine Berufung findet. Und wenn jeder in Einklang ist mit seinem innersten Kern, wird auch ein neues Miteinander möglich, aber ein Miteinander, das nicht von Angst und Vorsicht geprägt ist, sondern von Weite und Freiheit, von Vertrauen und Liebe.

Um ein Missverständnis zu vermeiden: Jesus fordert uns nicht auf, die Eltern zu verlassen, sondern ihn mehr zu lieben als die Eltern. Was heißt das konkret? Es bedeutet, dass in uns etwas ist, das wichtiger wird als die Eltern. Es ist die göttliche Berufung, die Ahnung, dass wir einer inneren Stimme folgen sollen. Lukas hat diese innere Befreiung von den Eltern in zwei kleinen Szenen konkretisiert. Als Jesus zu einem jungen Mann sagte, er solle ihm folgen, antwortete der: „Lass mich zuerst heimgehen und meinen Vater begraben." Jesus sagte zu ihm: „Lass die Toten ihre Toten begraben; du aber geh und verkünde das Reich Gottes!" (Lk 9,59f) Der junge Mann wollte Jesus folgen. Aber er wollte so lange warten, bis sein Vater gestorben war. Solange der Vater lebte, wollte er tun, was sein Vater ihm auftrug. Doch Jesus macht ihm klar: Auf diese Weise wirst du nie deinen eigenen Weg gehen. Die Angst vor dem Urteil des Vaters wird dich davon abhalten, deiner innersten Berufung zu folgen. Selbst wenn der Vater gestorben ist, werden seine Maßstäbe weiterhin bestimmend sein. Und der Sohn wird nicht frei seinen eigenen Weg gehen können. Er wird bei allem, was er tut, auf die Zustimmung des Vaters warten. Gegenüber dem Leben, das Gott uns zumutet, ist die Abhängigkeit vom Vater etwas Totes. Das Tote soll begraben sein und uns nicht am Leben hindern.

Ein zweites Beispiel: Ein anderer Mann kommt von sich aus auf Jesus zu und sagt: „Ich will dir nachfolgen, Herr. Zuvor aber lass mich von meiner Familie Abschied nehmen." Jesus erwidert ihm: „Keiner, der die Hand an den Pflug gelegt hat und nochmals zurückblickt, taugt für das Reich Gottes." (Lk 9,61f) Dieser Mann wollte von sich aus seiner innersten Berufung folgen. Doch zuerst wollte er von seiner Familie Abschied nehmen und sie davon überzeugen, dass sein Weg richtig ist. Doch Jesus fordert ihn auf, die Angst vor der Beurteilung durch seine Familie hinter sich zu lassen und den Weg zu gehen, den er im Innersten als den richtigen verspürt. Ich kenne viele junge Leute, die davon sprechen, dass sie ihren eigenen Weg gehen möchten. Aber insgeheim erhoffen sie, dass alle – vor allem die eigene Familie – diesen Weg gutheißen. Jesus macht uns Mut, uns von der Meinung der anderen zu lösen und den eigenen Weg zu gehen. Nur der Weg in die Freiheit nimmt uns die Angst vor dem Urteil der anderen. Und unser Wert als Person ist nicht an die Bedingung geknüpft, dass andere unsere innerste Lebensentscheidung akzeptieren.

Natürlich wissen wir: Kinder haben sehr oft Angst um ihre Eltern und ebenso die Eltern um ihre Kinder. Ich kenne viele Eltern, die Angst haben, den Kindern könnte etwas passieren. Eine Mutter hat Angst, Auto zu fahren, wenn ihre beiden Kinder mit im Auto sitzen. Sie könnte einen Unfall verursachen oder erleiden, bei dem ihre beiden Kinder sterben oder Schaden erleiden. Ich kann diese Angst gut verstehen. Die Mutter hat keine Garantie, dass sie in keinen Verkehrsunfall verwickelt wird. Doch ihre Angst wird für sie oft sehr bedrohlich. Und sie spürt, wie sie gerade die Angst beim Autofahren innerlich blockiert und sie unaufmerksam werden lässt. So fürchtet sie, dass ihre Vorstellung von einem Unfall zu einer sich selbst erfüllenden Prophetie wird. Alle Versuche, die Angst therapeutisch in Griff zu bekommen, haben bisher fehl geschlagen. Sie spricht im Gespräch von einer „blöden Angst“, die sie da bedrängt. Ich antworte ihr, „blöd“ sei eine Abwertung. Die Angst ist einfach da. Und sie darf da sein. Sie kann sie ja dazu anleiten, sorgfältig und achtsam zu fahren. Und sie soll sie als Freundin annehmen, die sie immer wieder daran erinnert, ihre Kinder und ihre Autofahrt unter den Segen Gottes zu stellen. Und sie soll sich immer wieder klar machen, dass ihre Kinder ihr geschenkt wurden, dass sie letztlich Gott gehören und nicht ihr. So erinnert sie die Angst daran, die Kinder im Vertrauen auf Gott loszulassen und sich selbst Gott anzuvertrauen. Auch hier geht es also darum, die Einstellung zur Beziehung grundsätzlich auf eine neue Ebene zu stellen.

Jesus antwortet auf die Angst der Eltern um ihre Kinder, indem er sie auf ihre Beziehung zu sich hinweist. Auch die Eltern haben einen göttlichen Kern und eine göttliche Berufung. Die sollten sie noch wichtiger nehmen als die Beziehung zu den Kindern. Es geht nicht darum, dass sich die Eltern nicht um die Kinder kümmern oder sie nicht lieben sollen. Aber sie sollen immer darum wissen, dass es auch ihnen letztlich um das Reich Gottes geht. Daran entscheidet sich, ob ihr Leben gelingt. Und das Reich Gottes wird ihnen nicht genommen, selbst wenn sie ihre Kinder verlieren. Dies scheint ein schwacher Trost zu sein für Eltern, die ein Kind verloren haben. Jesus spricht ihnen ihre Trauer keinesfalls ab, sondern erinnert sie, sich ihrer gesunden Kinder zu erfreuen. Sie sollten immer daran denken, dass ihre Kinder nicht ihr Besitz sind, sondern dass sie sie loslassen und dem Ruf Gottes überlassen müssen. Dann nur werden sie ihnen gerecht. Und nur dann werden sie von ihrer Angst befreit, ihre Kinder könnten sie einmal verlassen, um ihrer eigenen Berufung nachzugehen.

Die Angst um sich selbst

Die tiefste Angst, die wir kennen, ist die Angst um uns selbst. Wir haben Angst, unser Leben, uns selbst zu verlieren. Wir halten krampfhaft an den Vorstellungen fest, die wir vom Leben haben, an Idealbildern, die wir uns von uns gemacht haben. Diese Angst um uns selbst drückt sich heute vor allem und ganz exemplarisch aus in der übertriebenen Sorge um die eigene Gesundheit. Die Gesundheit wird auf einmal das wichtigste Gut, für manche sogar zum Religionsersatz. Doch je mehr wir um die eigene Gesundheit kreisen, desto stärker wird die Angst, wir könnten tatsächlich einmal krank werden. Angst um sich selbst – das ist auch die Angst, das Leben nicht zu schaffen, zu scheitern, zu zerbrechen an den Problemen, die man mit sich herumschleppt. Auch die Angst, zu kurz zu kommen, gehört in diesen Zusammenhang. Diese Angst hat ihre Ursache meist in der Kindheit. Bei manchen steckt dahinter ganz elementar die Angst vor dem Verhungern: Ich bekomme nicht das, was ich zum Leben brauche. Dies drückt sich oft in einer unermesslichen Gier aus. Man verschlingt das Essen, aus Angst, ein anderer könnte einem etwas wegnehmen. Man kann dies bei Kindern im Internat beobachten, die sich möglichst viel auf den Teller tun. Aber auch bei alten Menschen zeigt sich oft ein ähnliches Phänomen. Sie nehmen sich mehr, als sie brauchen, aus Angst, sie könnten zu kurz kommen. Die Angst, zu kurz zu kommen, bezieht sich jedoch nicht auf das Essen allein. Man fürchtet, zu wenig Zuwendung zu bekommen. Wenn Kinder das Gefühl haben, die Eltern würden sich mehr um die andern Geschwister kümmern als um sie, dann werden sie ihr Leben lang von der Angst geplagt, benachteiligt zu werden, zu wenig Liebe zu bekommen. Die Zeit, die man ihnen schenkt, ist immer zu wenig. Sie sehnen sich nach Zuwendung und Bestätigung und werden fast süchtig, krankhaft verzehrt von diesem unerfüllten und in seiner Maßlosigkeit unerfüllbaren Verlangen.

Nicht immer sind Ängste von einer realen Bedrohung ausgelöst. Manchmal tauchen im Menschen Ängste auf, von denen er gar nicht weiß, woher sie kommen und warum sie gerade jetzt auftreten – irrational, so scheint es, ohne tatsächlichen Anlass. Ich habe keine Angst vor bestimmten Menschen oder vor der Zukunft. Die Angst um mich selbst ist eine solche irrationale Angst. Es ist die Angst, meine eigene Identität zu verlieren und nicht mehr zu wissen, wer ich bin. Diese Angst vor dem Identitätsverlust kann verschiedene Formen annehmen. Manche haben Angst, sich innerlich aufzulösen. Sie fühlen sich im Tiefsten bedroht von den dämonischen Mächten, die in ihrem Unbewussten hausen. Ein Mann hatte etwa Angst, die biblische Geschichte von der Austreibung der Dämonen aus dem Besessenen von Gerasa zu lesen. Sie löste in ihm geradezu Panik aus: Es war die Angst vor den Dämonen in seiner eigenen Seele, die Angst, sein Ich könne sich auflösen. Dann gibt es auch Menschen, die sich von anderen verfolgt fühlen. Sie projizieren ihre Angst um sich selbst in die Menschen in ihrer Umgebung hinein und bilden sich ein, ihre Feinde würden ihnen überall hin nachstellen. Ein junger Mann hatte das Gefühl, dass eine Sekte ihn verfolge und sogar seinen Urin beeinflusse. Eine solche Angst kann zum krankhaften Verfolgungswahn werden, Zeichen für eine psychotische Erkrankung, die medizinisch-psychiatrische Behandlung erfordert. Nicht immer wird eine solche Angst um sich selber aber auch pathologisch auffällig, sie kann auch alltäglichere und unauffälligere Erscheinungsformen haben und doch ein Leben ganz bestimmen.

Auf die Angst um sich selbst antwortet Jesus: „Wer nicht sein Kreuz auf sich nimmt und mir nachfolgt, ist meiner nicht würdig. Wer das Leben gewinnen will, wird es verlieren; wer aber das Leben um meinetwillen verliert, wird es gewinnen." (Mt 10,38f) Das Kreuz ist Symbol für die Gegensätzlichkeit des Menschen. Es verbindet in sich Himmel und Erde, rechts und links, männlich und weiblich, bewusst und unbewusst. Das Kreuz auf sich nehmen, heißt in diesem Verständnis daher: sich mit den Gegensätzen im eigenen Innern aussöhnen. Wir möchten gerne eindeutig sein, nur gut, nur freundlich, nur selbstbeherrscht. Doch das Leben zeigt uns, dass wir nicht nur gut sind, sondern auch den Hang zum Bösen haben, dass wir nicht nur stark, sondern auch schwach sind, nicht nur freundlich, sondern auch aggressiv, nicht nur diszipliniert, sondern auch chaotisch und unbeherrscht. Es ist eine Kränkung für uns, uns von den eigenen Idealbildern zu verabschieden und uns in unserer Gegensätzlichkeit anzunehmen. Jeder von uns hat auf dem Weg der Selbstwerdung sein Kreuz auf sich zu nehmen und zu tragen. C. G. Jung nennt die Kreuztragung einmal „ein passendes Symbol der Ganzheit" und formuliert an anderer Stelle: „Jeder einzelne Mensch, der auch nur annähernd seine eigene Ganzheit sein möchte, weiß genau, dass sie eine Kreuztragung bedeutet." (C. G. Jung 195)

Sein Kreuz zu tragen, das ist also eine existentielle Aufgabe. Lukas hat das Nachfolgewort um eine Nuance erweitert: „Wer mein Jünger sein will, der verleugne sich selbst, nehme täglich sein Kreuz auf sich und folge mir nach. Denn wer sein Leben retten will, wird es verlieren; wer aber sein Leben um meinetwillen verliert, der wird es retten. Was nützt es einem Menschen, wenn er die ganze Welt gewinnt, dabei aber sich selbst verliert und Schaden nimmt?“ (Lk 9,23–25) Der Evangelist versteht also die Annahme des Kreuzes als tägliches Geschehen und alltägliche Aufgabe. Täglich durchkreuzt etwas meinen Weg. Jeden Tag widerfährt mir etwas, was meinen eigenen Vorstellungen nicht entspricht. Das gilt es anzunehmen. Und Lukas verbindet die Annahme des Kreuzes mit der Selbstverleugnung. Das griechische Wort „arnesasto heauton“ heißt eigentlich: nein sagen zu sich selbst, Widerstand leisten zur Tendenz des Ego, alles an sich zu raffen und für sich haben zu wollen. Dieses Wort Jesu wurde oft genug falsch verstanden. Man deutete es als Selbstentwertung oder Selbstverbiegung. Doch es ist letztlich ein Weg in die innere Freiheit. Das Ego hat die Tendenz, alles zu vereinnahmen. Es kreist immer um sich selbst: Was bringt es mir? Was habe ich davon? Diese Haltung zeigt es auch Gott gegenüber. Selbst Gott wird in einer solchen Haltung vereinnahmt. Was bringt mir Gott? Welchen Vorteil habe ich von Gott? Doch damit setzen wir das Ego absolut. Und je mehr wir es absolut setzen, desto mehr Angst haben wir um es. Sich von diesem Ego zu distanzieren, es loslassen, das ist – folgen wir dem Wort Jesu – ein Weg in die Freiheit. C. G. Jung spricht davon, dass wir vom Ego zum Selbst gelangen sollen, zu unserem innersten Kern. Dieses Selbst sollen wir nicht verleugnen. Es ist der ursprüngliche und authentische Kern in uns, das Bild, das Gott sich von uns gemacht hat. Wer im Selbst seine eigene Mitte gefunden hat, hat das ängstliche Kreisen um sein Ich und seine Bedürfnisse aufgegeben. Er ist in sich selbst zur Ruhe gekommen.

Wem der Schritt gelungen ist, vom eigenen Ego loszukommen und sein Selbst zu finden, der kann frei werden von der Angst, zu kurz zu kommen. Er weiß, dass sein Ego nie die Zuwendung bekommen wird, die es erhofft. Daher hört er auf, ängstlich darauf bedacht zu sein, von allen Bestätigung zu erhalten. Im Selbst ist er eins mit sich. Denn da hört die Angst auf, von andern nicht zu bekommen, was man sich von ihnen erwartet. Das Wort Jesu von der Selbstverleugnung kann auch für den, der Angst um sich und seine Identität hat, eine Hilfe sein. Das Ich, um das ich mich ängstige, ist gar nicht so wichtig. Unterhalb des Egos aber ist ein Punkt in mir, der unzerstörbar ist. Dem können auch die dämonischen Mächte, die aus meinem Unbewussten aufsteigen, nichts anhaben.

Die Angst um das eigene Ich schildern sowohl Matthäus als auch Lukas als Angst um das eigene Leben. Die Griechen kannten hierfür das Wort „Psyche“. Damit ist nicht die Seele in unserem Sinn gemeint, sondern das Leben, nicht das biologische Leben, sondern die Lebendigkeit, das, was Leben ausmacht: Freude und Spaß am Leben, Erfolg, Zuwendung, Bestätigung, schöne Erlebnisse usw. In den Evangelien wird diese Lebendigkeit immer wieder angesprochen. Matthäus spricht davon, dass wir das Leben erwerben, es uns verschaffen, es gewinnen wollen. Bei Lukas heißt es: Das Leben retten, es bewahren, es erhalten. Bei beiden Evangelisten geht es um Folgendes: Wir meinen oft, wir könnten uns das Leben selbst verschaffen oder wir könnten uns an dem, was uns an Leben geschenkt wurde, festklammern, damit es nie verloren geht. Aber weder unser körperliches Leben können wir durch gesunde Lebensweise für immer bewahren, noch das psychische. Wer um jeden Preis Lebendigkeit will, der verliert sie. Der verkrampft sich und erstarrt. Das aber ist das Gegenteil von wirklichem Leben. Wer sich an seiner Gesundheit festklammert, der wird oft gerade krank. Leben gelingt nur, wenn wir die Angst um das Leben los- und uns einfach dem Leben überlassen.

Die Therapie Jesu für die Angst um uns selbst besteht in der Aufforderung, das eigene Leben um Jesu willen zu verlieren. Das klingt zunächst irritierend. Wie sollte das helfen, mit der Angst um uns selbst zurecht zu kommen? Zunächst geht es darum, das Hängen an mir und meinen Wünschen und Bedürfnissen loszulassen, um in mir einen tieferen Grund zu entdecken. Wir müssen uns klar machen: Erfolg und Anerkennung, Gesundheit und Kraft sind nicht das Letzte. Darüber allein kann ich mich nicht definieren. Ich brauche einen tieferen Grund. Und dieser Grund ist letztlich Gott. Jesus spricht hier aber nicht von Gott, sondern von sich selbst. Wir sollen um Jesu willen unser Leben verlieren, sagt die Bibel. Um Jesu willen, das kann heißen: Seine Botschaft ist mir so wichtig, dass ich nicht mehr ängstlich um mich und mein Wohlergehen kreise. Oder: Ich bin von seiner Person so fasziniert, dass sie mich befreit vom ängstlichen Kreisen um mich selbst. Ich folge diesem Jesus nach und gewinne dabei wirkliches Leben. „Um Jesu willen" kann aber auch noch etwas anderes meinen. Für C. G. Jung ist Jesus nicht nur die historische Person aus Nazareth, sondern zugleich ein Bild für das wahre Selbst. Jesus nachfolgen heißt dann auch, dass ich meiner inneren Stimme folge. Sobald ich still werde und in mich hinein horche, entdecke ich in mir eine leise Stimme, die mir genau sagt, was für mich richtig ist. Und diese innere Stimme lockt mich weg vom Kreisen um das eigene Leben. Sie lädt mich ein zum Loslassen alles Äußeren, damit ich den inneren Reichtum meiner Seele entdecken kann. Das ist dann das wirkliche Leben. Die Angst um mein Leben überwinde ich nur, wenn ich zu dem inneren Grund durchdringe. Dort werde ich mich lebendig fühlen, selbst wenn ich krank werde, selbst wenn der Erfolg ausbleibt. Wenn ich mit diesem inneren Grund in Berührung bin, dann halte ich mich nicht länger krampfhaft an mir selbst und an meinem Leben fest. Dann kann ich loslassen. Und dieses Loslassen ist die Bedingung für echte Lebendigkeit und für ein Leben in Freiheit.

Die Angst, keinen Boden unter den Füßen zu haben

Ich kenne viele Menschen, die sich redlich mühen, ihr Leben zu bewältigen. Doch manchmal haben sie Angst, sie könnten es nicht schaffen. Sie rudern und rudern, aber sie kommen nicht weiter. Sie haben den Eindruck, keinen Boden unter den Füßen zu haben. Wenn sie auf ihre Kindheit zurückblicken, erkennen sie, dass das Fundament ihres Lebens brüchig ist. Das Kind wurde schon sehr früh verletzt. Es hat nie wirkliche Sicherheit und Geborgenheit bei den Eltern erfahren. Viele werden von Ängsten heimgesucht, die sie nicht verstehen können. Die Angst kommt aus heiterem Himmel. Aber dann erfasst sie die ganze Seele. Und wen sie trifft, der hat den Eindruck, dass er nichts hat, an dem er sich festhalten kann. Die Angst droht diesen Menschen zu verschlingen und in den Abgrund zu reißen. Oft rührt sie von sehr frühen Verletzungen her. Bevor man zu denken vermochte, hat man etwas so

Bedrohliches erfahren, dass man nicht darauf reagieren konnte. Eine Frau erzählte mir etwa, dass sie eine panische Angst vor den Toten hat. Sie kann keine aufgebahrten Toten sehen. Sie hat Angst, der Leichnam könne sich in eine dämonische Fratze verwandeln und sie verfolgen. Wenn sie auf dem Friedhof ist, überkommt sie manchmal eine so starke Angst vor den Toten, die dort begraben sind, dass sie wegrennen muss, um sich in Sicherheit zu bringen. Bei ihr gab es sicher ein prägendes Erlebnis in der Kindheit. Es kann sogar sein, dass dieses Erlebnis länger zurückliegt. Diese Frau wurde nämlich während des Krieges geboren. Die Angst ihrer Mutter vor den vielen Toten um sie herum kann das Kind schon im Mutterleib geprägt haben. So sehr das Verstehen hilft, es hat oft wenig Sinn, die genaue Ursache für solche Ängste erforschen zu wollen. Denn oft tappen wir dabei im Dunkeln. Wichtig ist, sich einzugestehen, dass da sehr früh schon das sichere Fundament des Lebensgebäudes zerbrochen ist und man auf unsicherem und brüchigem Boden steht. Nur wenn ich sehe und akzeptiere, dass dies eine Erfahrung ist, die mich prägt, kann ich nach einem festen Grund suchen, auf dem ich sicher stehen kann, ohne Angst, dass der Boden zurückweicht.

Eine andere Frau wird manchmal mitten in der Stadt, beim Einkaufen oder beim Gehen durch die Straßen, von einer panischen Angst erfasst. Sie kann sich nicht erklären, warum diese Angst in eben diesem Moment aufkommt. Bezeichnend: Es ist keine konkrete Angst. Sie kann nicht benennen, wovor sie Angst hat. Sie hat nur das Gefühl, zu versinken, keinen festen Grund unter den Füßen zu haben. Alle Bewältigungsstrategien, die sie gelernt hat, helfen in diesem Augenblick nicht. Es ist, als ob sie in ihrer Angst untergehen würde. Auch alle Versuche, die genauen Ursachen für diese Angst zu erkennen, schlagen fehl. Der Frau bleibt nur die Hoffnung, dass sich ihre Angst verwandelt, wenn sie sich ihr stellt und mit ihr umgeht.

Solche Ängste sind im Kern dessen, was hier erfahren wird, nicht neu. Von einer ähnlichen Erfahrung erzählt uns Matthäus im 14. Kapitel. Die Jünger waren allein ins Boot gestiegen und ruderten zum anderen Ufer. Doch das Boot „wurde von den Wellen hin und her geworfen; denn sie hatten Gegenwind" (Mt 14,24). Während die Jünger sich mühten und gegen die Wellen ankämpften, kam Jesus ihnen auf dem See entgegen. Als die Jünger ihn über das Wasser gehen sahen, „erschraken sie, weil sie meinten, es sei ein Gespenst, und sie schrieen vor Angst" (Mt 14,26). Anstatt sich darüber zu freuen, dass Jesus ihnen zu Hilfe kommt, bekommen sie Angst. Sie halten Jesus für ein Gespenst. Da kommt ihnen etwas entgegen, was sie nicht in ihr Weltbild einordnen können. Es ist das Unbekannte, das Geisterhafte, das Fremde. Menschen erzählen mir immer wieder von solchen dämonischen Ängsten. Sie fühlen sich von fremden Mächten bedroht. Sie sehen in menschlichen Gesichtern oder aber in den Wolken des Himmels oder aber in den Bildern der Hausfassade dämonische Fratzen. Wie sich das Gesicht Jesu für die Jünger in ein Gespenst verwandelte, so verwandelt sich für viele ein menschliches Antlitz oder die Figur eines Heiligen auf der Brücke in einen Dämon, der ihnen

Angst macht. Sie projizieren ihre eigenen Ängste in Objekte ihrer Umwelt und haben so den Eindruck, Gespenster suchten sie heim.

In diese Angst hinein spricht Jesus das Wort: „Habt Vertrauen, ich bin es; fürchtet euch nicht!“ (Mt 14,27) Mit dem Wort „Ich bin es“ will Jesus den Jüngern nicht nur sagen: Ich bin kein Gespenst. Ich bin der, den ihr kennt, der kurz zuvor noch bei euch war. In dem griechischen Wort „ego eimi“ klingt vielmehr auch die Gottesoffenbarung am brennenden Dornbusch an: „Ich bin, der ich bin“ (Ex 3,14). Es begegnet ihnen kein Gespenst, sondern Gott selbst. Gottes Anwesenheit sollte ihnen Vertrauen vermitteln und keine Angst. Immer wenn Gott Angst macht, ist es nicht der Gott Jesu Christi, sondern ein dämonisches Gottesbild, das wir in uns tragen. Der Gott Jesu begegnet uns als der, der uns die Angst nimmt vor allem Bedrohlichen und Dämonischen. Und Jesus selbst wird uns von den Evangelisten immer wieder als der beschrieben, der den verängstigten Menschen Vertrauen ins Dasein vermittelt. Das ist das eigentliche Merkmal Jesu: Er beruhigt die

Daseinsangst des Menschen und schenkt ihnen neues Vertrauen, Vertrauen in den, der sie trägt, Vertrauen in das Leben, das Gott uns als etwas Gutes geschenkt hat, und Vertrauen in die eigenen Möglichkeiten, die wir von Gott empfangen haben.

Die Reaktionen auf dieses Angebot Jesu sind freilich schon im Evangelium unterschiedlich – und auch daraus lässt sich für heute etwas lernen. Petrus etwa hat auf einmal Vertrauen gefunden. Wenn Jesus über das Wasser wandeln kann, dann müsste er es doch auch können. Und so sagt er zu Jesus: „Herr, wenn du es bist, so befiehl, dass ich auf dem Wasser zu dir komme." Jesus sagte: „Komm!" Da stieg Petrus aus dem Boot und ging über das Wasser auf Jesus zu. Als er aber sah, wie heftig der Wind war, bekam er Angst und begann unterzugehen. Er schrie: „Herr, rette mich!" Jesus streckte sofort die Hand aus, ergriff ihn und sagte zu ihm: „Du Kleingläubiger, warum hast du gezweifelt?" (Mt 14,28–31) Solange Petrus auf Jesus schaut, vermag er über das Wasser zu gehen. Doch als er den heftigen Wind wahrnimmt, geht er unter. Was in dieser

Geschichte erzählt wird, ist ein schönes Bild für die Überwindung der Angst: Solange wir auf unsere Probleme schauen, die uns bedrohen, auf den Wind, der uns entgegen bläst, auf die sich aufbauschenden Wogen, die uns umspülen, gehen wir unter. Wenn die Angst mich überfällt, darf ich mich nicht in sie hineinsteigern. Sonst reißt sie mich in den Abgrund. Ich brauche einen festen Halt. Hier in dieser Geschichte ist der Blick auf Jesus dieser feste Halt. Ich kann vor meiner Angst nicht davonlaufen. Ich muss sie wahrnehmen, aber ich soll mich nicht in sie hineinsteigern. Ich soll in meiner Angst auf den schauen, der mich mit meiner Angst und meiner Verzweiflung annimmt. Nur der Blick auf Jesus lässt uns über das Wasser gehen. Den Blick auf ihn gerichtet bemerken wir gar nicht, dass wir keinen festen Boden unter den Füßen haben.

Für viele Menschen heute ist Jesus zu fremd, zu weit weg, der Blick auf Jesus scheint ihnen kein Weg, ihre Angst zu überwinden. Sie beneiden Petrus, der von Jesus in seiner Angst aufgefangen wird. Aber sie selbst bleiben in ihre Angst verstrickt. Jesus nennt den

Glauben einen festen Boden, auf dem wir stehen können. Glauben, das ist für jeden möglich. Glauben – das bedeutet nicht, dass ich die gesamte christliche Dogmatik verstehe und annehme, sondern dass ich mitten in meiner Angst dem traue, der mich aus meiner Angst zu befreien vermag. In jedem von uns ist so eine Ahnung, dass es etwas, oder besser: einen gibt, dem ich mich anvertrauen kann, der mich nicht allein lässt. Matthäus will uns in der Geschichte Jesu, der über das Wasser geht, zu diesem Glauben und Vertrauen einladen. Die Geschichte spricht in uns die Sehnsucht an, uns wie Petrus auf Jesus, auf Gott verlassen zu können. Und zugleich finden wir uns in Petrus wieder. In Petrus sehen wir unsere Sehnsucht nach einem festen Glauben und zugleich unsere Zweifel. Jesus nennt Petrus einen Kleingläubigen. Kein Mensch ist ganz ungläubig. Aber oft genug ist unser Glaube genauso klein wie der des Petrus. Da brauchen wir einen, der unseren Glauben stärkt. Im Matthäusevangelium geht es auch gar nicht um die Alternative: Glaube und Unglaube. Die Alternative lautet: Kleinglaube und fester Glaube. Matthäus schreibt sein Evangelium nicht, um Ungläubige zu bekehren, sondern um die, die nicht stark genug glauben, in ihrem Glauben zu festigen. Wenn wir uns von Jesus in unserem Glauben stärken lassen und wenn wir mit Petrus auf Jesus schauen, der uns mitten in den Wellen und Wogen unseres Lebens begegnet, dann trägt uns sogar das Wasser. Dann haben wir keine Angst, unterzugehen.

Das, was in dieser Geschichte angesprochen wird, wird in Psalm 69 anschaulich geschildert: „Rette mich, o Gott! Das Wasser geht mir bis an die Kehle. Ich versinke im Schlamm des Abgrunds, es gibt keinen Halt mehr. Ich bin in Wassertiefen geraten, die Flut schlägt über mir zusammen. Erschöpft bin ich vom Rufen, es brennt mir die Kehle. Meine Augen ermatten, so lange schon harre ich meines Gottes." (Ps 69,2–4) Es ist die Angst, keinen Grund mehr unter den Füßen zu haben, im Schlamm meines Lebens zu versinken. Viele erzählen mir von solchen Ängsten. Sie haben den Eindruck, je mehr sie auch gegen das drohende Unheil ankämpfen, desto tiefer versinken sie im Sumpf. Da ist nicht nur der gegen den drohenden Konkurs ankämpfende Unternehmer, der trotz aller Anstrengungen, das Unternehmen zu retten, den Eindruck hat, er stünde auf einer Sandbank, der Sand weiche vor seinen Füßen zurück und er versinke immer mehr, immer tiefer. Oder eine Frau, die immer wieder von Depressionen heimgesucht wird, und die das Gefühl hat, keinen festen Boden unter den Füßen haben. Sie kämpft und kämpft, aber sie findet keinen Anhaltspunkt, von dem aus sie kämpfen kann. Sie hat keinen festen Stand, auf den sie sich zurückziehen kann. Alles versinkt unter ihren Füßen. Sie hat vieles in ihrem Leben in einer Therapie angeschaut. Aber von Zeit zu Zeit hat sie den Eindruck, nichts habe geholfen. Sie steckt in ihrer Angst fest und findet keinen Halt. Sie findet keine Leiter, an der sie sich festklammern kann, um aus dem Sumpf heraus nach oben zu steigen, wo sie sich festen Boden unter den Füßen erhofft. Was kann in einer solchen Situation helfen?

Für den Psalmisten sind die Hasser und Feinde der Sumpf, in dem er versinkt. Und so ruft er zum Herrn: „Entreiß mich dem Sumpf, damit ich nicht versinke, damit ich meinen Hassern entkomme, den Tiefen des Wassers, damit die Wasserflut nicht über mir zusammenschlägt, der Abgrund mich nicht verschlingt, damit nicht der Schacht über mir seinen Schlund schließt." (Ps 68,15f) Gott ist für den Psalmisten der, der ihn aus den Wasserfluten zu erretten vermag. In Psalm 144 wird das gleiche Bild verwendet. Da bittet der Psalmist: „Streck von der Höhe deine Hände aus, errette mich und reiß mich heraus aus mächtigen Wassern, aus der Gewalt der Fremden, denn ihr Mund redet Lüge, und Meineid schwört ihre Rechte." (Ps 144,7f) Hier sind Lüge und Meineid der Feinde wie ein Wasser, in dem der Beter zu versinken droht. Wer lügt, gegen den kann man nicht kämpfen. Man hat den Eindruck, in den Wasserfluten zu versinken. Es gibt nicht nur den persönlichen Sumpf meiner Lebensgeschichte, sondern auch den Sumpf der Lügen und Intrigen um mich herum. Manche haben den Eindruck, in ihrer Firma in einen solchen Sumpf geraten zu sein. Der Chef hat mit einigen Sympathisanten ein Lügengebäude um sich aufgebaut. Aufrichtige Angestellte können machen, was sie wollen. Sie haben den Eindruck, in diesem Abgrund menschlicher Bosheit und Korruption zu versinken.

Matthäus kennt offensichtlich diese Angst vor dem Versinken. Für ihn ist die Begegnung mit Jesus eine wirksame Therapie, um diese Angst zu überwinden. Denn Jesus ist nicht nur über das Wasser des Sees von Gennesaret gewandelt, sondern über die Wasser des Todes. In seiner Auferstehung hat er die Wasser des Todes überwunden. Als der Auferstandene ist Jesus der, der über den Wassern des Todes wandelt. Wer ihm im Glauben folgt, der hat keine Angst vor den Wassern des Todes, der schreitet im Vertrauen über alles Schwankende oder Brüchige in seinem Leben. Er schaut mitten in den Turbulenzen seines Lebens auf den, der den Tod besiegt hat. Das nimmt ihm die Angst vor dem Untergang in den Fluten seines Lebens.

Aber hilft dieser Glaube wirklich dem, der von undefinierbaren dunklen Ängsten heimgesucht wird und in den Strudel und Sog unbewusster Strömung gerät? Für viele sind die Worte der Bibel leer, ohne Bedeutung. Ihre Angst ist zu groß, als dass sie durch den Blick auf Jesus oder durch die Meditation biblischer Geschichten aufgelöst werden könnte. Oft ist eine Therapie nötig, damit wir einen festen Halt finden, wir sind angewiesen auf einen Therapeuten oder eine Therapeutin, die keine Angst vor unseren inneren Turbulenzen haben. Der Glaube allein vermag uns in einer schwierigen Situation oft nicht von der Angst zu befreien. Doch wenn wir in einer Therapie oder in einer geistlichen Begleitung unsere Ängste anschauen, dann kann es doch eine Hilfe sein, die Geschichte von Jesu Gang auf dem Wasser zu meditieren. Diese Geschichte spricht unsere tiefste Sehnsucht an, mit unserer Angst nicht völlig allein zu sein. Sie zeigt uns, dass es diesen Jesus gibt, der zu uns kommt in unserer Angst. Wenn wir es dann wagen, in unserer Angst auf diesen Jesus zu schauen, dürfen wir manchmal erfahren, mitten im Sumpf unserer Angst Halt zu finden. Oft gibt es auch kleine Hilfen. Manchmal hilft es, ein Kreuz zu umfassen, um diesen Halt auch leibhaftig zu spüren. Andere haben einen kleinen Engel bei sich, den sie mit ihren Händen umschließen, um sich zu vergewissern, dass sie nicht allein sind. All das sind Hilfen für meine Angst. Aber es braucht zugleich die Demut, zugeben zu können, dass die Angst trotz all dieser Hilfen über mich hereinbrechen kann wie ein Wasserfall, der mich mit in die Tiefe zu ziehen droht. Es macht dann wenig Sinn, mir vorzuwerfen, dass mein Glaube zu schwach sei, und es hilft auch nichts, zu beklagen, dass alle Therapie nichts geholfen habe. Ich muss mich aussöhnen mit dieser bedrohlichen Angst. Nur dann kann ich mitten in der Angst nach einem Anker suchen, an dem ich mich festhalten kann. Für den einen ist es der Blick auf Jesus, für den andern die Berührung eines Menschen, der ihm Nähe schenkt, für einen weiteren ist es der Versuch, sich selbst zu spüren. Indem ich jetzt meine Hände spüre, vergewissere ich mich, dass dieser kleine Ort der Berührung nicht von der Angst bestimmt ist. Dort ist mitten im Strudel ein winziger geschützter Raum des Vertrauens.

In unseren Träumen sind Wasserfluten ein Bild des Unbewussten. Das Unbewusste kann uns wegschwemmen. Wir träumen manchmal, dass wir auf sicheren Wegen gehen. Auf einmal werden immer mehr Wege überschwemmt. Das Wasser steigt an. Wir finden kaum noch einen Weg, über den wir trockenen Fußes gehen können. Solche Traumbilder weisen uns darauf hin, dass wir uns dem eigenen Unbewussten stellen müssen. Vielleicht haben wir zu viel verdrängt, was jetzt angeschaut und ausgehalten werden muss. Wir haben die Angst vor dem Leben und die Angst vor dem Tod verdrängt. Jetzt holt sie uns im Traum ein. Der Traum zeigt uns nicht nur, dass wir keinen festen Stand mehr haben. Er lädt uns auch ein zur Überlegung, was uns denn Halt geben könnte. Jesus spricht vom Glauben als einem festen Grund, auf dem man stehen kann. Wer also fest im Glauben verwurzelt ist, der versinkt nicht in den Fluten seines Lebens und auch nicht im Wasser seines Unbewussten. Aber dieser Glaube muss immer wieder errungen und erbetet werden, damit er uns wirklich trägt. Der Glaube ist kein Trick, der uns von unseren Ängsten befreit, sondern ein Weg, auf dem wir unsere Ängste anschauen und mitten aus unserer Angst nach einem festen Grund Ausschau halten, der uns Halt schenkt und unsere Angst verwandelt.

Die Angst vor Gott

In der Therapie sprach man lange von ekklesiogenen Neurosen, von seelischen Erkrankungen also, die durch eine kirchliche Erziehung verursacht sind. Bei diesen typisch religiösen Neurosen spielt die Angst vor Gott eine wichtige Rolle. Der Therapeut Tilman Moser hat in seinem Buch „Gottesvergiftung" mit dem Angst machenden Gott seiner evangelisch geprägten Kindheit abgerechnet. Er spricht von der Gotteskrankheit, die ihm in seiner Kindheit eingeimpft wurde. Das Schlimmste war die Angst vor dem Gott, der alles sieht, der jeden Gedanken beobachtet und der alles verurteilt, was nicht seinen Geboten entspricht. Es war ein Gott, der alles verboten hat, was dem Kind Freude bereitete. Bei allem, was er damals tat, begleitete ihn der Satz: „Was wird der liebe Gott dazu sagen?" Und immer hatte er als Kind den Eindruck, er könne diesem Anspruch nicht genügen. Wenn Gott alles sah, was in ihm vorging, dann konnte er nur auf der Seite der Verdammten sein. Seine Angst war mit dem Gefühl von Verworfensein und mit starken Schuldgefühlen gekoppelt. Vor einem Gott, der die tiefsten Geheimnisse seiner Seele wusste, konnte er nicht bestehen. Da fühlte er sich klein und schuldig, verworfen und verurteilt. So führte die Angst vor Gott zugleich zum Selbsthass, zu Unterwürfigkeit und zu quälenden Selbstzweifeln.

Wie Tilman Moser geht es vielen, denen Gott als ständiger Aufpasser und Beobachter vermittelt wurde, der über alle Taten und Gedanken wacht und sie in sein „großes Buch" einträgt. Solche Gottesbilder erzeugen Angst. Meist jedoch haben die Eltern ihre eigene Unfähigkeit in der Kindererziehung damit kompensiert, indem sie mit Gott drohten, der das Kind bestraft, wenn es nicht artig sei. Selbst wenn man die kindlichen Gottesbilder längst abgestreift hat, tauchen diese abgrundtiefen Urängste wieder auf, man werde beobachtet und beurteilt. Solche Gottesbilder wurden nicht abstrakt vermittelt, sondern immer im Kontext einer Familiensituation. Gott war der verlängerte Strafarm des Vaters. Das Angst machende Gottesbild war Teil einer mit Angst arbeitenden, autoritären Erziehung. Und daher wurde dieses Gottesbild tief in die Seele des Kindes eingegraben.

Oft haben allerdings nicht nur die Eltern dieses Gottesbild vermittelt, sondern auch zahlreiche Prediger, die mit einem strengen und strafenden „Richtergott" drohten. Solche Predigten konnten allerdings nur bei den Menschen Angst auslösen, die schon durch ihre Erziehung dafür prädisponiert waren. Wer in seiner Erziehung genügend Vertrauen gelernt hatte, der maß solchen Predigten oft nicht viel Gewicht bei. Viele Priester haben zweifellos versucht, mit ihrer Verkündigung eines Gottes, der alles sieht und alles kontrolliert, Macht über die Menschen auszuüben. Sie haben die Ängste der Zuhörer benutzt, um sie klein zu halten und abhängig zu machen. Aber die Predigt allein kann nicht die Ursache der Angst vor Gott sein. Sie liegt immer auch in der eigenen Person. Denn das Selbstbild hängt eng mit dem Gottesbild zusammen. Die Botschaft vom richtenden Gott macht besonders dem Angst, der sich selbst ständig richtet, der sich selbst straft, wenn er gegen die Normen der Eltern verstößt. Und letztlich hängt die Angst vor Gott immer auch mit der Angst vor mir selbst und den zweifelnden Tendenzen meiner eigenen Seele zusammen: Weil ich Angst habe vor mir selbst, projiziere ich diese Angst auch auf Gott. Über diesen Zusammenhang lohnt es sich, weiter nachzudenken.

Eine Ursache dieser Angst vor Gott ist sicher die Erfahrung der eigenen Minderwertigkeit. Bevor wir anfangen, unser Leben zu leben, stellen wir fest, dass andere höher begabt sind als wir, dass sie bessere Voraussetzungen für das Leben haben als wir. Wir vergleichen uns mit andern und haben Angst, im Vergleich mit ihnen schlecht abzuschneiden. Die Bibel kennt eindrückliche Geschichten über diese Angst. Sie hat Kain dazu verführt, seinen Bruder Abel zu erschlagen. Er konnte es nicht ertragen, dass Gott das Opfer des Abel angenommen hat, seines aber nicht. So ist die Angst vor Gott oft die Angst, vor ihm nicht zu genügen. Dabei ist nicht immer klar, ob es die eigenen Ansprüche sind oder die Gottes, denen man nicht gerecht werden kann.

Diese Angst vor Gott, die aus der eigenen Minderwertigkeit und Unsicherheit heraus entspringt, hat Jesus auch in seinem berühmten Gleichnis von den Talenten vor Augen.

Ein Mann, der auf Reisen geht, ruft seine Diener und vertraut ihnen sein Vermögen an. Dem einen gibt er fünf, dem andern zwei Talente und dem letzten ein Talent. Die beiden ersten gehen hin und wirtschaften mit ihren Talenten. Sie verdoppeln sie. Der dritte jedoch geht hin und vergräbt sein Talent. Anstatt auf die Gaben zu schauen, die er empfangen hat, sieht er auf die beiden Mitknechte. Und da hat er den Eindruck, dass er zu kurz gekommen sei, dass er gar keine Chance habe, sie mit seinem Wirtschaften zu übertreffen. Das Gefühl der Minderwertigkeit erzeugt Angst. Von dieser Angst könnte uns nur der Blick auf Gott erlösen, der uns mit unserem Leben und mit Gaben beschenkt hat, die nur wir vorzuweisen haben. Doch sobald wir uns mit andern vergleichen, erscheinen uns auch diese Gaben als nicht vorzeigbar. Der dritte Knecht vergräbt also sein Talent, weil er Angst hat, er könne etwas von dem ihm anvertrauten Geld verlieren. Aber genau damit begeht er den größten Fehler. Als er mit seinem vergrabenen Talent zu seinem Herrn gerufen wird, erklärt er den Grund seines Verhaltens: „Herr, ich wusste, dass du ein strenger Mann bist; du erntest, wo du nicht gesät hast, und sammelst, wo du nicht ausgestreut hast; weil ich Angst hatte, habe ich dein Geld in der Erde versteckt. Hier hast du es wieder." (Mt 25,24f) Weil der dritte Knecht Angst hat vor der Bewertung seines Handelns, versteckt er sein Talent. Auf diese Weise kann er nichts verlieren. Es wird im Gleichnis nicht gesagt, wie der Herr auf die Knechte reagiert hätte, wenn sie bei ihrem Wirtschaften alles verloren hätten. Nicht ihr Erfolg wird belohnt, sondern ihr Vertrauen, mit dem, was ihnen der Herr anvertraut hatte, kreativ umzugehen. Nur wer ein Risiko eingeht, kann die Talente verdoppeln. Doch das Risiko bedeutet immer auch, dass ich verlieren könnte.

Der dritte Knecht will nicht verlieren. Ihm geht es in erster Linie darum, vor dem Herrn korrekt und fehlerlos dazustehen. Auf die religiös-existentielle Situation hin gewendet: Er hat Angst, von Gott verurteilt zu werden, weil er etwas falsch gemacht hat. Aus Angst vor einem Versagen macht er lieber gar nichts. Doch solche Angst lässt uns am Ende mit leeren Händen vor Gott stehen. Wir haben nichts vorzuweisen.

Der dritte Knecht sieht in Gott einen strengen Herrn. Weil der streng ist, geht der Knecht auch mit sich selbst streng um. Das Selbstbild und das Gottesbild ähneln sich. Die Strenge Gottes erzeugt im Knecht nicht nur Strenge sich selbst gegenüber, sondern auch Aggression. In den Worten, mit denen der Knecht dem Herrn sein Geld zurückgibt („Hier hast du es wieder"), spüren wir noch die Aggression gegenüber Gott heraus, aber auch die Aggression gegen sich selbst. Dieser dritte Knecht ist hart mit sich umgegangen. Er hat sich nichts erlaubt. Er hat ein Loch in die Erde gegraben und das Geld seines Herrn darin versteckt. Jesus hätte ein kreativeres Wirtschaften mit dem Talent erwartet. Psychologisch gedeutet: Der Knecht ist nicht liebevoll mit seinem Leben umgegangen. Er hat es vergraben. So kann nichts in ihm aufblühen. Er verkümmert. Er hindert sich selbst am Leben. Ja, er verbietet sich das Leben. Autoaggression und Aggression gegen den strengen Gott halten ihn beide vom Leben ab.

Jesus löst die Angst des dritten Knechtes nicht auf, indem er ihm gut zuredet. Viele Bibelleser ärgern sich über die harte Reaktion des Herrn: „Sein Herr antwortete ihm: Du bist ein schlechter und fauler Diener! Du hast doch gewusst, dass ich ernte, wo ich nicht gesät habe, und sammle, wo ich nicht ausgestreut habe. Hättest du mein Geld wenigstens auf die Bank gebracht, dann hätte ich es bei meiner Rückkehr mit Zinsen zurückerhalten. Darum nehmt ihm das Talent weg und gebt es dem, der die zehn Talente hat! Denn wer hat, dem wird gegeben, und er wird im Überfluss haben; wer aber nicht hat, dem wird auch noch weggenommen, was er hat. Werft den nichtsnutzigen Diener hinaus in die äußerste Finsternis! Dort wird er heulen und mit den Zähnen knirschen." (Mt 25,26–30) Jesus schildert dem dritten Knecht hier die Konsequenzen seiner Angst. Wer aus dieser Angst heraus lebt, steht am Ende mit leeren Händen da. Da wird ihm selbst das noch genommen, was er voller Angst vergraben hat. Wenn er an diesem Angst machenden Gottesbild festhält, wird sein Leben zur äußersten Finsternis. Dann gibt es kein Licht mehr in seinem Leben und keine Freude. Sein Leben wird zu einem Heulen und Zähneknirschen. Das ist durchaus wörtlich zu verstehen. Wer vor Gott alle seine Gefühle und Gedanken, seine Leidenschaften und Taten kontrollieren möchte, der wird nachts von all dem gequält, was er unterdrücken wollte. Man könnte das Bild sogar ganz konkret aufnehmen: Er versucht, das Verdrängte zu ersticken, indem er in seinen Traumen mit den Zähnen knirscht.

Wie ist die Angsttherapie Jesu zu verstehen? Der Psychotherapeut und Theologe Eugen Drewermann sieht das Hauptanliegen Jesu darin, „dass wir uns in unserer gesamten Lebenseinstellung vor Gott nicht immer wieder auf die Angst zurückziehen, und so beschwört er (Jesus) uns mit Worten, die vor Gott Angst machen sollen, dass wir vor Gott nicht länger mehr Angst haben. Es handelt sich um eine schier verzweifelte Logik, ganz so, wie wenn man gegen einen Steppenbrand ein neues Feuer legt, um ihn zum Verlöschen zu bringen." (Drewermann II 748f). Jesus vertreibt also die Angst, indem er sie in ihren letzten Konsequenzen schildert. Er löst die Angst, indem er sie übertreibt. Ein befreundeter Psychologe erzählte mir, dass er früher Klienten, die sich selbst schlecht gemacht haben, immer zu ermutigen versuchte. Er hat ihnen gut zugeredet: „Schauen Sie, Sie haben doch schon einiges im Leben geleistet. Sie haben den Mut gefunden, in die Therapie zu kommen. Sie wollen ja an sich arbeiten." Aber je mehr er versucht hatte, gegen die Selbstentwertung anzugehen, desto mehr Fehler hatten die Klienten bei sich entdeckt. Es wurden endlose Gespräche, die zu keinem Ziel führten. Bei einem Workshop lernte er dann eine andere Methode kennen: Wenn jemand sich selbst schlecht macht, sollte er ihn darin bestärken. Er probierte diese Methode aus, mit erstaunlichen Resultaten. Eine Frau etwa sagte, sie sei ganz schlecht. Sie sei eine Rabenmutter, die ihre Kinder vernachlässige. Da verstärkte dieser Therapeut sie noch: „Es ist wirklich schlimm, was Sie da sagen. Sie geben den Kindern nicht, was sie brauchen." Die Reaktion: Die Frau richtete sich auf einmal auf und meinte, es sei ja doch wohl unverschämt, sie so schlecht zu machen. Wir sehen also: Als der Therapeut sie in ihren negativen Aussagen bestärkte, besann sie sich auf einmal auf ihre eigene Kraft. Je mehr der Therapeut ihr ihre Kraft vor Augen geführt hätte, desto mehr hätte sie sich ihren Schwächen zugewandt. Man kann die Art und Weise, in der Jesus dieses Gleichnis erzählt, durchaus als eine Form solch paradoxer therapeutischer Intervention verstehen. Indem Jesus die Angst zu Ende denkt und sie seinen Zuhörern vor Augen hält, weckt er in ihnen den Impuls, die Angst hinter sich zu lassen und den Weg des Vertrauens zu wagen.

Natürlich bietet das Gleichnis von den anvertrauten Talenten kein Patentrezept gegen die

Angst vor Gott an. Wenn die Angst zu sehr unterdrückt ist, bedarf es eines langen Weges, um sie anzuschauen und ihr ihre Macht zu nehmen. Aber das Gleichnis zeigt zumindest die Richtung an, in der es Heilung geben könnte. Jesus will uns, so Eugen Drewermann, mit seinen provozierenden Worten von dem Wahn befreien, „wir wären nicht gut genug, nicht würdig genug, wir dürften uns dem Leben nicht zutrauen." Und er richtet in diesem Gleichnis die Frage an die Hörer, „wovor sie denn Angst haben müssen, außer, dass sie vor lauter Angst am Ende an sich selbst verkommen, indem sie, statt zu leben ihr Dasein in einen Friedhof verwandeln. Diese Allmacht der Angst haben wir, von Gott her betrachtet, nicht verdient." (Drewermann II 752f) Damit wir nicht von dieser Dauerangst beherrscht werden, lädt uns Jesus ein, unsere Angst zu verlassen. Er hat dieses Gleichnis erzählt, „um die Angst bis zu jenem Höhepunkt zu treiben, an dem der Teufelskreis ihrer Sinnlosigkeit deutlich und überwindbar wird." (ebd. 753)

Im Gespräch erzählen mir manche von ihrer Angst vor Gott. Ich versuche in einer solchen Situation nicht, mit Worten der Bibel dagegen zu halten, die von einem liebenden Gott sprechen. Solches Gegenreden würde nichts fruchten. Ich versuche vielmehr, im Gespräch herauszufinden, wovor der Gesprächspartner wirklich Angst hat. Ist es die Angst vor der eigenen Minderwertigkeit, die Angst vor dem eigenen aggressiven Potential, das in ihm schlummert, oder ist es die Angst vor dem beobachtenden und kontrollierenden Gott? Oder ist es die Angst vor den übermächtigen Elternfiguren, die er in Gott hineinprojiziert hat? Daher frage ich: „Wie fühlt sich deine Angst vor Gott an? Kennst du diese Angst auch sonst? Hast du Angst vor dir selbst?" Manchmal klärt das Gespräch die Angst und relativiert sie. Manchmal stockt das Gespräch aber auch. Der andere hält einfach an seiner Angst vor Gott fest. Dann frage ich: „Was hast du davon, dass du vor Gott Angst hast? Was bezweckst du damit?" Diese Frage verunsichert meine Gesprächspartner oft und macht sie nicht selten aggressiv. Aber oft finden sie sich auf einmal in dem dritten Knecht wieder. Sie haben in der Tat einen Vorteil davon, dass sie die Verantwortung für ihr Leben ablehnen und Gott dafür verantwortlich machen, dass ihr Leben nicht gelingt. Sie werfen Gott vor, dass sie einen schlechteren Start hatten als andere. Nicht sie sind schuld, sondern Gott, dass ihr Talent sich nicht vermehrt. Indem ich den Gesprächspartner – ähnlich wie Jesus – mit seinem Verhalten und seinen tiefsten Absichten konfrontiere, lade ich ihn ein, von seinem Bild des „Angstgottes" abzulassen und den Weg des Vertrauens zu gehen. Nur dieser Weg führt zu dem Gott, den Jesus verkündet hat.

Die Angst, nicht zu genügen

Häufig höre ich im Gespräch, dass Menschen sagen: Ich bin nicht gut genug. Ich genüge den Anforderungen des Lebens nicht. Ich werde den Anforderungen meines Berufes nicht gerecht. Und ich bin vor Gott nicht genügend klar und fromm. Hinter dieser Angst stecken hohe Erwartungen. Das Ideal ist sozusagen die andere Seite dieser negativen Einstellung: Ich muss unbedingt meinen eigenen Idealbildern entsprechen. Ich muss dem entsprechen, was Gott in der Bibel vom Menschen gesagt hat. Doch wenn ich mich dann anschaue, sehe ich meine Unzulänglichkeit, mein Zurückbleiben. Ich schaffe es nie, den eigenen Erwartungen gerecht zu werden. Ich werde immer hinter ihnen zurückbleiben. Und immer, wenn ich mich beurteilt fühle, taucht diese Angst in mir auf. Es ist wie in Prüfungssituationen. Ein Mitbruder erzählte mir, wie er oft Angst habe, vor dem Konvent vorzulesen. Vor Fremden etwas vorzutragen ist für ihn kein Problem. Bei den Mitbrüdern hat er immer das Gefühl, sich in einer Prüfung zu befinden. Letztlich ist es die Angst, den Ansprüchen und dem Urteil der Mitbrüder nicht zu entsprechen. Vielen Menschen geht es ähnlich. Sobald sie in eine Gruppe kommen, fühlen sie sich beobachtet und bewertet. Sie sehen sich Erwartungen ausgesetzt, die sie erfüllen möchten und von denen sie gleichzeitig fürchten, dass sie sie nicht befriedigen können. Oft genug bilden sie sich ein, dass die Menschen ganz bestimmte Erwartungen an sie haben. Für manche wird nahezu jede Begegnung mit anderen zum Prüfungsstress: jeder Einkauf, jedes Gespräch mit einem Arbeitskollegen, mit dem Vorgesetzten, mit dem Kunden.

Der Grund für diese Art von Angst liegt häufig in der Kindheit. Wenn ich als Kind immer von Erwachsenen beurteilt wurde, wenn alles, was ich tat oder sagte, wertend kommentiert wurde, dann verinnerlicht sich die Prüfungssituation. Ich fühle mich immer und überall bewertet, benotet, beurteilt. Und ich bewerte und beurteile und benote mich auch ständig selbst.

Und ich habe immer die Angst, den Maßstäben der Umwelt und meines eigenen Über-Ichs nicht zu genügen. Beispiele begegnen mir in der Begleitung von Menschen immer wieder. Eine Frau erzählte mir, sie habe seit ihrer Kindheit immer das Gefühl gehabt, sie sei nicht „richtig", sie sei kein richtig braves Kind, sie denke und fühle nicht normal, sie entspreche nicht den Erwartungen, die ihre Eltern an ein Kind stellen. In vielen Gesprächen erlebe ich, wie tief dieses Muster des Sich-Bewertens, Sich-Beurteilens, Sich-Verurteilens in den Menschen steckt. Sie können kaum etwas äußern, ohne sich zu entschuldigen, das Gesagte sei unsinnig oder nicht normal. Bei nahezu allem, was sie tun, ist dieser innere Richter dabei, der ihnen sagt, dass sie nicht gut sind, dass sie den normalen Anforderungen eines reifen Menschen nicht genügen.

Auf diese Angst kommt Lukas zu sprechen, wenn er uns von der Berufung der ersten Jünger erzählt. Jesus sieht zwei Boote am Ufer liegen und steigt in das Boot des Simon. Er fordert den Simon auf, hinauszufahren und die Netze zum Fang auszuwerfen. Obwohl die Fischer die ganze Nacht gearbeitet und nichts gefangen haben, ist Simon bereit, auf das Wort Jesu hin seine Netze nochmals auszuwerfen. Sie fangen so viele Fische, dass Simon seine Gefährten bitten muss, ihm mit ihrem Boot zu Hilfe zu kommen. Beide Boote sind randvoll gefüllt mit Fischen. „Als Simon Petrus das sah, fiel er Jesus zu Füßen und sagte: Herr, geh weg von mir; ich bin ein Sünder." (Lk 5,8) Er hat Angst vor diesem Mann, der ihm diesen reichen Fischfang ermöglicht hat. Er spürt das Geheimnis Jesu und zugleich sein eigenes Ungenügen, seine Durchschnittlichkeit, seine Schwächen. Er fühlt sich als Sünder, als einer, der an sich selbst, an seinen eigenen Möglichkeiten und seiner Bestimmung vorbei lebt, und als einer, der es daher nicht wert ist, diesem heiligen Mann nahe zu sein. Doch Jesus antwortet ihm: „Fürchte dich nicht! Von jetzt an wirst du Menschen fangen." (Lk 5,10)

Petrus empfindet sich Jesus gegenüber als minderwertig und ungenügend. Seine Reaktion ist paradox: Er geht in die Knie und macht sich klein. Und zugleich fordert er

Jesus auf, wegzugehen. Auf der einen Seite ist er von ihm fasziniert. Auf der andern Seite traut er sich nicht, seine Faszination ernst zu nehmen und ihr zu folgen. Dieser Jesus ist zu groß für ihn. Vor ihm erkennt er schmerzlich, wie klein und unbedeutend er ist. Vielleicht hat Petrus von Kindheit an mitbekommen, dass er nichts taugt. Vielleicht wurde er immer wieder erniedrigt. Oder aber es war einfach die Erfahrung dieses Jesus, die ihn in die Knie zwingt und ihn erkennen lässt, dass er ein Sünder ist. „Sünder“ meint hier nicht, dass sich Petrus an all seine Sünden erinnert oder daran, wie oft er die Gebote Gottes übertreten hat. Er fühlt sich vielmehr ganz und gar unwürdig, mit diesem Jesus zusammen zu sein. Er hat angesichts der Würde und der wundertätigen Macht Jesu Angst vor seiner eigenen Wertlosigkeit. Sünder ist der, der das Ziel seines Daseins verfehlt. Petrus hat den Eindruck: Im Vergleich zu Jesus hat er aus seinem Leben nichts gemacht. Und weil er sich vor ihm klein und unbedeutend fühlt, möchte er nichts mit ihm zu tun haben, trotz seiner Faszination und der stillen Sehnsucht, doch bei diesem Menschen bleiben zu dürfen.

Jesus heilt diese Angst des Petrus nicht nur durch die Zusage „Fürchte dich nicht!“, sondern auch indem er ihm einen Auftrag vermittelt und ihm eine Verheißung zuspricht: „Von jetzt an wirst du Menschen fangen.“ Jesus traut dem Petrus etwas zu. Er verlangt nicht zuerst ein Reifezeugnis oder eine Bestätigung seiner Fähigkeiten. Er glaubt an diesen Menschen, der um seine Durchschnittlichkeit weiß, und nimmt ihn in seinen Dienst auf. Hier ist es der Glaube Jesu, der die Angst des Petrus überwindet. In unserem eigenen Leben erfahren wir es immer wieder: Es ist auch für uns eine Hilfe, wenn ein Mensch an uns glaubt. Das kann uns von der Angst befreien, wir könnten den Erwartungen der anderen nicht genügen. Wenn jemand Angst hat, eine gestellte Aufgabe nicht erfüllen zu können oder nicht in das Team zu passen, weil er nicht die entsprechende Ausbildung hat, dann braucht er einen Menschen, der an ihn glaubt. Der Glaube des andern hat die Kraft, unsere Angst aufzulösen. Weil der andere an uns glaubt, beginnen auch wir langsam an uns zu glauben. Wir wagen es, uns so einzubringen, wie wir sind. Es ist ein aktiver Glaube, den Jesus in seiner Zusage ausdrückt, Petrus werde Menschen fangen. Wenn uns jemand eine Aufgabe zutraut, dann hören wir auf, um uns selbst zu kreisen, uns zu bewerten und zu beurteilen. Wir packen einfach an. Und dabei vergessen wir uns selbst. Wir sind ganz bei der Aufgabe und wachsen mit ihr. Die Angst hat ihre lähmende Kraft verloren, sie ist auf einmal kein Thema mehr.

Doch dies ist kein einseitiges oder automatisches Geschehen. Der Glaube des andern wird uns nicht helfen, wenn wir nicht auch selbst an uns glauben. Natürlich ist es nicht einfach, an sich zu glauben, wenn man als Kind ständig bewertet, benotet oder gar immer abqualifiziert wurde. Daher braucht es den Mut, loszulassen. Ich muss aufhören, bei allem, was ich tue, zu fragen: Ist es auch gut genug? Wie beurteilen es die andern? Die Tendenz, mich ständig zu bewerten, steckt so tief in mir, dass es einer langen Übung bedarf, mich davon zu distanzieren. Wenn ich mich dabei ertappe, wie ich mich wieder selbst verurteile, weil ich etwas nicht richtig gemacht oder gesagt habe, dann sage ich mir vor: „Es ist, wie es ist. Und es darf auch so sein. Und wenn es nicht perfekt ist, ist es auch in Ordnung." Von Petrus kann ich lernen, darauf zu vertrauen, dass Jesus mich so beruft, wie ich bin: in meiner Durchschnittlichkeit, mit meinen Fähigkeiten und mit meinen Schwächen. Jesus nimmt mich so an, wie ich bin, und traut mir zu, dass ich in seinem Dienst für andere zum Segen werde. So kann es eine Hilfe sein, die Angst vor dem eigenen Ungenügen zu überwinden, sich immer wieder vorzusagen: „Ich bin von Gott gesegnet. Und ich bin ein Segen für andere." Wenn ich daran glaube, dann wird die Angst, meinen eigenen Maßstäben und dem Urteil der Welt nicht zu genügen, immer weiter abnehmen.

Die Angst vor der Zukunft

Eine Angst, die heute weit verbreitet ist, ist die Angst vor der Zukunft. Es ist die Angst, dass wir unseren Lebensunterhalt nicht mehr verdienen können, dass die Zukunft viele Bedrängnisse mit sich bringt, dass wir unsere Arbeit verlieren, krank werden und unser Leben nicht mehr meistern können. Gerade in ökonomisch unstabilen Zeiten sind viele von solchen Sorgen betroffen. Eine Frau erzählte mir, sie habe oft Angst, ihrem Mann könne etwas passieren und sie stehe dann allein mit den vier Kindern da. Sie würde es weder finanziell noch mit eigener Kraft schaffen, damit umzugehen. Es ist verständlich, dass solche Ängste auftauchen. Es könnte ja tatsächlich sein, dass der Ehepartner einen Unfall erleidet oder durch Krankheit daran gehindert wird, für die Familie weiterhin Geld zu verdienen. Immer wieder erlebe ich im Gespräch Menschen, die ähnliche Ängste haben: sie könnten krank werden, ihren Lebenspartner verlieren und so das Leben nicht mehr bewältigen. Sie haben kein Vertrauen mehr in das, was sie aufgebaut haben. Sie erfahren nahezu täglich in den weltweiten Nachrichten, wie Katastrophen immer wieder das hart Erarbeitete in kurzer Zeit wegspülen, so dass nichts mehr übrig bleibt, und sie spüren, wie dünn das Eis ist, auf dem sie sich selber bewegen.

Es ist die Angst vor dem unkontrollierbar und unvorhersehbar Ungewissen, die heute umgeht. Und es ist die Fixierung darauf, alles würde immer schlechter und schwieriger. Heute gibt es viele Menschen, die, wenn sie in die Zukunft schauen, sich nur besorgt fragen, was sie wohl bringen wird. Sie erhoffen sich von ihr wenig Gutes, erwarten eher Schlimmes. Es könnte ja sein, dass der Staat die Renten nicht mehr zahlen kann, dass die organisierte Kriminalität immer größer wird, dass die Globalisierung zur Verarmung und zu immer größerem Chaos in der Welt führen könnte. Diese Zukunftsangst ist typisch für die Menschen in Europa. Viele, die in Entwicklungsländer

Südamerikas oder Asiens kommen, sind erstaunt, dass die Menschen dort solche Ängste kaum zu kennen scheinen. Ihre Situation ist zwar nach außen hin trostloser, aber sie gehen trotzdem voller Hoffnung in die Zukunft. Oft sind die Zukunftsängste hierzulande geprägt durch imaginierte Horror- und Katastrophenszenarien: Manche Menschen malen sich genau aus, was an Flutkatastrophen, Atomkriegen, Terrorakten und Verbrechen in den nächsten Jahren passieren wird. Sie sind überzeugt, dass ihre Phantasien Wirklichkeit werden. Sie haben nicht nur selber Angst, sondern machen dadurch auch anderen Angst vor der Zukunft.

In seiner apokalyptischen Rede spricht Jesus diese Angst an: „Es werden Zeichen sichtbar werden an Sonne, Mond und Sternen, und auf der Erde werden die Völker bestürzt und ratlos sein über das Toben und Donnern des Meeres. Die Menschen werden vor Angst vergehen in der Erwartung der Dinge, die über die Erde kommen; denn die Kräfte des Himmels werden erschüttert werden." (Lk 21,25f) Im Griechischen steht hier das Wort:

apopsychoo = das Atmen aufhören, das Leben aushauchen. Angst macht atemlos, sie führt ja buchstäblich dazu, dass wir aufhören zu atmen oder dass uns das Leben völlig entschwindet. Lukas meint, der Blick auf die bedrohlichen Ereignisse am Himmel und auf die Flutwellen des Meeres lässt uns den Atem stocken. Diese Angst ist heute genauso aktuell wie damals. Für viele sind Erdbeben, Überschwemmungen und Unwetter Vorboten des Weltendes. Alles wird in einer riesigen Katastrophe enden, die jegliches Leben auslöschen wird, so fürchten sie.

Wie reagiert Jesus auf solche Endzeitpanik? In diese Angst hinein sagt er das tröstende Wort: „Wenn all das beginnt, dann richtet euch auf, und erhebt eure Häupter; denn eure Erlösung ist nahe.“ (Lk 21,28) Die Menschen sollen sich vor den Katastrophen nicht ängstigen. Sie sind vielmehr der Beginn der Erlösung. Wie ist das zu verstehen?

Zunächst einmal meint Jesus seine Zusage wohl zeitlich: Wenn es immer schlimmer wird in der Welt, so ist das ein Vorbote für das Kommen des Menschensohnes. Und wenn der Menschensohn in Herrlichkeit kommt, dann werden die Menschen erlöst und befreit. Sein Kommen befreit sie von aller Bedrängnis, und damit auch von der Angst.

Wir können dieses Jesus-Wort aber auch noch anders verstehen: Wir sollen unseren Blick nicht auf die Katastrophen und auf unsere Angst richten, sondern uns aufrichten und nach oben schauen. Von Gott, vom Himmel kommt unsere Erlösung. Vom Himmel aus sehen wir anders auf die Welt um uns herum. Wir sehen über den engen Horizont hinaus. Und da erkennen wir eine gute Macht, die uns in ihren Händen hält, den erlösenden und heilenden Gott, Jesus Christus, der mitten in der größten Not des Kreuzes unser Erlöser ist.

Eine dritte Deutung bezieht sich auf den Beginn der Erlösung in aller Bedrängnis. Dort, wo wir am meisten Angst haben vor dem Untergang, dort beginnt schon die Erlösung. Hölderlin hat das in die berühmten Worte gekleidet: „Wo aber Gefahr ist, wächst das Rettende auch." Der Blick des Glaubens sieht in der Mitte der Nacht bereits den

Anfang des Tages, in der Krise schon den Anfang der Wandlung und in der Dynamik der Angst schon die Kraft des Vertrauens, das auch in uns steckt.

Lukas hat die Verwandlung der Angst mitten in der größten Bedrängnis in seiner Erzählung von der Verklärung Jesu beschrieben. Jesus ist mit seinen Jüngern am Abend auf den Berg gestiegen. Wie er es gewohnt ist, betet er nachts. Die Jünger schlafen dabei ein. Doch auf einmal wachen sie auf und sie sehen die Herrlichkeit Jesu und Elija und Moses, die bei ihm stehen. Während des Gebetes hat sich Jesu Antlitz verwandelt, und sein Gewand wurde weiß wie ein Blitz. Doch trotz dieser beglückenden Erfahrung des in Licht getauchten Herrn geraten die Jünger sofort wieder in Angst, als eine Wolke sie überschattet (Lk 9,34). Doch aus dieser Wolke ertönt die Zusage Gottes: „Das ist mein auserwählter Sohn, auf ihn sollt ihr hören." (Lk 9,35)

Das ist die Verheißung dieser Geschichte: In der Nacht geschieht die Verwandlung. Dort, wo es am dunkelsten ist, leuchtet Gottes Licht am hellsten. Trotz dieses Wissens werden wir immer wieder in Angst geraten, wenn eine Wolke uns überschattet, die Wolke einer Krankheit, die Wolke einer Bedrohung durch den Verlust der Arbeit oder durch schwierige Umstände. Dann bleibt uns wie den Jüngern nichts anderes übrig, als auf die Stimme Gottes zu hören. Sie verkündet, dass mitten in der Nacht und auch, wenn Wolken die Aussicht zu nehmen scheinen, Jesus unter uns ist. Wenn wir auf ihn hören mitten in der Angst, wenn wir an sein Kommen glauben mitten in der Nacht, dann wird auch für uns die Dunkelheit zum Licht und die Not zur Erlösung. Mitten in der Angst und in der Bedrängnis sollen wir aufschauen. Dann – so glaubt es Lukas – werden wir Jesus erkennen, der gerade in diesem Augenblick zu uns kommt. Er ist der, der immer zu uns kommt und uns Rettung verheißt. Wenn er kommt, dann geschieht Erlösung. Dann lösen sich die Fesseln unserer Angst und unser Herz weitet sich. Erlösung ist dabei nicht die Beseitigung all unserer Angst, sondern die Befreiung aus der Enge unseres Herzens mitten in der Angst. Denn die Angst um die Zukunft gehört wesentlich zum Menschen. Sie ist es auch, die uns wachsam hält, damit wir für eine bessere Zukunft sorgen.

Vielen wird die Mahnung Jesu, aufzuschauen und auf die nahende Erlösung zu hoffen, nicht genügen, um ihre Angst vor der Zukunft aufzulösen. Was hilft dem, dessen Glaube schwach ist oder den die Worte Jesu nicht erreichen? Es hat wenig Sinn, sich die Angst vor der Zukunft auszureden. Es wird nicht gelingen. Aber ich kann mir immerhin doch dies sagen: Ich habe das Leben bis jetzt gemeistert und werde es auch weiterhin bewältigen, ganz gleich was kommt. Oder ich kann mir konkret vorstellen, wovor ich Angst habe: vor Hunger und Armut, vor Krieg, vor Katastrophen. Dann kann ich zu mir sagen: Ich habe keine Garantie dafür, dass ich immer genügend Geld haben werde, dass kein Krieg ausbrechen oder dass die Erde von Katastrophen verschont bleiben wird. Aber ich vertraue darauf, dass ich in Gottes Hand bin. Ich weiß nicht, wie ich reagieren werde, wenn alles schlimmer wird.

Aber auch dann ist Gott bei mir. Und mit Gottes Hilfe werde ich das Leben bestehen.

Ein zweiter Weg, mit der Angst vor der Zukunft umzugehen, besteht darin, ganz im Hier und Jetzt zu leben. Ich höre auf, mir die Zukunft auszumalen mit all dem, was geschehen könnte. Ich versuche, *jetzt* da zu sein, mich zu spüren und dankbar zu sein für das, was *jetzt* ist. *Jetzt* bin ich in Gottes Hand. Jesus lädt uns zu diesem Weg ein. Er tut es, wenn er sagt, wir sollen uns aufrichten und unsere Häupter erheben. Wir sollen also aufhören, resigniert und enttäuscht die Köpfe hängen zu lassen und auf das zu schauen, was uns herunterzieht. Indem wir uns aufrichten, weicht von uns die depressive Stimmung, die uns niederdrückt. Und indem wir zu Gott aufschauen, weitet sich die Enge unseres Horizontes. Allein schon diese Haltung des aufrechten Stehens und des Aufschauens zu Gott kann unsere Stimmung verwandeln. Wir wissen nicht, was kommen wird. Aber jetzt, in diesem Augenblick, stehen wir da, haben wir Stehvermögen, sind wir aufrecht und voller Vertrauen in den Gott, der uns aufrecht hält. In diesem aufrechten Stehen können wir den Psalmvers verinnerlichen: „Wirf deine Sorgen auf den Herrn! Er hält dich aufrecht.“ (Ps 55,23)

Die Angst vor dem Tod und die Auferstehung Jesu

Jede Philosophie beginnt mit der Frage nach dem Tod. Und viele Philosophen sind überzeugt, dass der letzte Urgrund der menschlichen Angst immer die Angst vor dem Tod ist. Der Mensch erfährt sich als endlich und begrenzt. Jeder wird irgendwann mit der Angst vor dem eigenen Tod konfrontiert. Es hat keinen Zweck, diese menschliche Urangst zu verdrängen. Wir müssen lernen, mit ihr umgehen. Der Philosoph Ulrich Hommes meint: „Solche Angst vor dem Tod kann man sich kaum abtrainieren. Aber man kann einiges tun dazu, in ihr nicht zu versinken." (Hommes 43) Es geht also nicht darum, diese Angst völlig zu überwinden. Sie gehört zu unserem Menschsein. Aber wir können lernen mit ihr zu leben. Das gelingt uns, indem wir uns fragen, ob mit dem Tod tatsächlich alles vorbei, ob der Tod das letzte Wort ist oder nur ein Durchgang zu neuem Leben. Hommes schließt seine Überlegungen zum Tod mit den Worten: „Wir dürfen den Blick gewiss nicht von der Schreckgestalt des Todes wenden. Aber wir können uns soweit einüben, sei es im Nachdenken über den Tod oder in der unmittelbaren Begleitung eines Sterbenden, dass wir diesen Blick ertragen. Auch dann verlieren wir zwar nicht die Angst vor dem Tode. Aber diese Angst muss uns nicht mehr verzehren und uns nicht hindern, jenen Spuren zu folgen, die als Spuren des Lichts über das endliche Leben selbst hinausweisen." (Hommes 44)

Nicht nur die Philosophie, sondern auch die Dichtung kreist immer wieder um das Phänomen der Angst vor dem Tod. Für den russischen Dichter Tolstoi war das Thema Tod und Angst vor dem Tod zentral. In der Erzählung „Der Tod des Iwan Iljitsch" behandelt er dieses Thema am Beispiel eines hohen Gerichtsbeamten, der auf dem Höhepunkt seiner beruflichen Laufbahn völlig unverhofft mit dem eigenen Tod konfrontiert wird: „Nicht das Scheiden aus dem Leben erzeugt in Iwan Iljitsch Angst, sondern die Tatsache, dass er zu sich selbst zurückfindet und dabei entdeckt, dass sein Leben ‚nicht das Richtige' war. Die Tragödie seines Todes liegt darin, dass er sein Leben nicht mehr korrigieren kann." (Granin 83) Die Angst vor dem Tod ist hier also die Einsicht in das ungelebte, äußerlich zwar erfolgreiche, aber innerlich armselige und beziehungslose Leben oder die Angst, am Leben vorbei gelebt zu haben, nicht „richtig" gelebt zu haben. Tolstoi zeigt eindrücklich: Der Tod konfrontiert mit der eigenen Wahrheit. Und die Konfrontation mit der Endgültigkeit des Todes provoziert die Angst vor der Wahrheit des eigenen Lebens.

Im Matthäus- und Markusevangelium spricht der Auferstehungsengel die Frauen mit dem Wort an: „Fürchtet euch nicht!" Im Matthäusevangelium richtet der Engel diese Worte an die erschrockenen Frauen. Als sie vom Grab weggehen, um den Jüngern die Frohe Botschaft von der Auferstehung zu künden, begegnet ihnen der Auferstandene selbst. Sie werfen sich vor ihm nieder und umfassen seine Füße. Da sagte Jesus zu ihnen: „Fürchtet euch nicht: Geht und sagt meinen Brüdern, sie sollen nach Galiläa gehen, und dort werden sie mich sehen.“ (Mt 28,10) Auferstehung heißt für Matthäus Überwindung unserer Todesangst. Im Grab, an der Stätte des Todes selbst, steht ein Engel, der uns auffordert, alle Furcht fallen zu lassen. Und das erste Wort des Auferstandenen an die Frauen soll ihre Angst überwinden.

Auch im Markusevangelium spricht der Engel die Frauen mit dem ermutigenden Wort an: „Erschreckt nicht!“ Doch offensichtlich löst das nicht die Angst der Frauen. Sie verlassen das Grab und fliehen: „Denn Schrecken und Entsetzen hatte sie gepackt. Und sie sagten niemand etwas davon; denn sie fürchteten sich.“ (Mk 16,8) Schon für die Kirchenväter war dieser Schluss des Markusevangeliums ein Rätsel. Das letzte Wort der frohen Botschaft heißt: Sie fürchteten sich sehr. Die Angst bewirkt in den Frauen ein Zittern des Leibes und ein Erschauern und Entsetzen. Sie sehen das leere Grab und sie erblicken in diesem Grab, in dem der tote Leichnam Jesu gelegen hatte, einen Engel in lichtem Gewand. Diese Erfahrung der Todesüberwindung bewirkt in ihnen Furcht. Es ist keine Todesangst, sondern das Betroffensein vom Geheimnis der Auferstehung. In diesem Schlusswort des Markus wird deutlich, dass wir die Botschaft von der Auferstehung Jesu nur mit einem betroffenen Herzen verkünden können. Wir können über sie nicht distanziert reden und auch nicht mit Selbstsicherheit und Klarheit. Es ist und bleibt ein Geheimnis, wie Jesus den Tod zu überwinden vermochte. Und immer wieder müssen wir selbst die Angst und das Entsetzen und Zittern der Frauen erleben, um dieses Geheimnis zu verstehen.

Bei Lukas und Johannes grüßt der Auferstandene die Jünger nicht mit dem „Fürchtet euch nicht!", sondern mit dem Friedensgruß: „Friede sei mit euch!" (Lk 24,36; Joh 20,19.21.26) Auch Lukas spricht von der Angst der Jünger, als der Auferstandene in ihre Mitte trat: „Sie erschraken und hatten große Angst, denn sie meinten, einen Geist zu sehen." (Lk 24,37) Doch bei Lukas und Johannes beruhigt Jesus die Angst der Jünger, indem er ihnen den Frieden wünscht. Der Friede ist die österliche Gabe des Auferstandenen. Weil der Tod überwunden ist, ist die innere Zerrissenheit, in die uns die Todesangst hineintreibt, geheilt. Im österlichen Frieden hat die Todesangst keinen Platz mehr.

Für Lukas ist die Botschaft vom Tod und der Auferstehung Jesu die Zusammenfassung der gesamten Heiligen Schrift. In der Auferstehung Jesu wird vollendet, was Gott schon im Alten Testament den Frommen verheißen hat: Er ist ein Gott, der uns aus der Grube befreit, der uns den Schlingen des Todes entreißt, der das Tote lebendig macht. Auferstehung ist die Verheißung, dass es nichts mehr gibt, was nicht verwandelt werden kann. Sogar der Tod kann in Leben verwandelt werden, die Dunkelheit in Licht, das Grab in einen Ort, an dem Engel die frohe Botschaft vom Sieg der Liebe über den Tod verkünden. Diese Botschaft von der Auferstehung Jesu war für die Menschen in Israel, aber auch im römischen Reich, etwas Faszinierendes. Sie hat ihre Todesangst angesprochen und geheilt.

Wir feiern in der Eucharistie immer wieder den Tod und die Auferstehung Jesu, um unsere Todesangst zu überwinden. Jesus hat uns das Vermächtnis der Eucharistie gestiftet, um uns täglich darauf hinzuweisen, unsere Angst vor dem Tod anzuschauen und sie zu verwandeln. Die Eucharistie konfrontiert uns mit der Todesangst. Aber sie ist zugleich die Zusage: Jesus hat den Tod überwunden. Wir erleben ihn unter uns als den, der gestorben und auferstanden und jetzt bei und in uns gegenwärtig ist. Und die Eucharistie hebt die Trennung zwischen Leben und Tod, zwischen den Lebenden und Verstorbenen, zwischen Himmel und Erde auf. In ihr dürfen wir die Gemeinschaft mit denen erfahren, die vor uns gestorben sind. Wir feiern in ihr, dass der Tod uns nicht von Gott zu trennen vermag und dass er auch die Gemeinschaft mit denen, die wir lieben, nicht zerstören wird. Die Liebe ist stärker als der Tod. In der Eucharistie denken wir nicht über die Überwindung unserer Todesangst nach. Vielmehr feiern wir in einem Ritual den Sieg der Liebe über den Tod. Wir feiern den Tod und die Auferstehung Jesu, damit diese Auferstehung auch unsere täglich aufblitzende Todesangst allmählich wandelt.

Aber trotz der frohen Botschaft von der Auferstehung Jesu ist die Todesangst auch heute noch ein zentrales Thema im Leben jedes Menschen. Der amerikanische Psychoanalytiker Irwin Yalom meint, die klassische Psychoanalyse habe das Thema der Todesangst verdrängt. Seine Überzeugung ist: Jede Psychologie, die dem Menschen wirklich helfen möchte, muss auf diese Urangst eine Antwort geben. Häufig erkennt man im therapeutischen Prozess die verdrängte Todesangst nicht. Denn sie versteckt sich hinter anderen Ängsten. Wir versuchen die Angst vor dem Tod zu mildern, indem wir sie auf konkrete Situationen beziehen. Yalom sieht hinter vielen Symptomen, die auf den ersten Blick nichts mit unserer Einstellung zum Tod zu tun haben, eben doch verdrängte Todesangst als die tiefste Ursache. Er hat die Erfahrung gemacht, dass der Heilungsprozess nur dann erfolgreich ist, wenn die tiefer liegende Todesangst bearbeitet wird. So behandelte er einen Mann, der von zwanghafter Sexualität beherrscht wurde. Dieser Mann, Bruce, hatte acht Jahre Therapie hinter sich, ohne Erfolg. Schließlich entdeckte Yalom, dass seine zwanghafte Sexualität nur dazu diente, der Begegnung mit dem Tod auszuweichen. Seine Suche nach einer Frau war „nicht wirklich die Suche nach Sex, … sondern war stattdessen eine Suche, die es Bruce ermöglichte, seine Todesangst zu verleugnen und zu besänftigen.“ (Yalom 231) Ein anderer Patient, der viele selbstdestruktive Symptome zeigte, erkannte schließlich in der Therapie: „Ich habe meine Todesfurcht durch Unterwerfung gelöst.“ (ebd. 234) Eine Frau verbrachte zahlreiche Stunden vor dem Fernseher, um ihre Angst vor dem Tod zu verdrängen. Denn solange sie die Stimme des Fernsehers hörte, war sie ja noch am Leben. Wenn jemand in der Krise der Lebensmitte in die Therapie kommt, muss der Therapeut immer damit rechnen, „dass ein großer Teil der Psychopathologie von der Todesangst herrührt“ (ebd. 235). Für Yalom ist jede langfristige Therapie, die nicht letztlich auch die Todesangst behandelt, unvollständig.

In der Therapie geht es nicht darum, die Angst auszuschalten. „Man kann weder das Leben leben, noch sich dem Tod stellen ohne Angst. Angst ist sowohl ein Führer wie auch ein Feind und kann den Weg zur authentischen Existenz weisen. Die Aufgabe des Therapeuten ist es, die Angst auf ein akzeptables Maß zu reduzieren und dann diese existierende Angst zu benutzen, um die Bewusstheit und Lebenskraft des Patienten zu erhöhen." (Yalom 226) Doch anstatt sich der Angst zu stellen, versuchen viele Menschen, ihre Angst durch zwei Strategien zu vermeiden: indem sie beginnen, sich als etwas Besonderes zu fühlen und indem sie sich an einen Menschen hängen. Der erste Weg besteht darin, dass sie sich über ihre Menschlichkeit erheben. Oft geschieht das in esoterischen Kreisen, in denen man der Durchschnittlichkeit und Banalität des Lebens entgehen möchte und sich so an Idealbildern des Menschen ergötzt. Der Mensch wird mit göttlichen Attributen versehen. Gott und Mensch werden miteinander vermischt. Der zweite Weg geschieht oft in der Therapie, indem man vom Therapeuten

Leben erwartet, oder in spirituellen Kreisen, indem man sich an einen Guru hängt. Man stellt sich nicht seiner Sterblichkeit, sondern möchte ihr durch die Erhöhung eines Menschen zu einem spirituellen Übermenschen entgehen. Gerade in Langzeittherapien können wir oft die Tendenz des Klienten beobachten, „die Analyse als einen Schutz gegen die Todesangst" zu benutzen. Wirkliche Heilung kann nur geschehen, wenn das bewusst gemacht wird.

Doch wie können wir mit der Todesangst richtig umgehen? Zunächst ist es wichtig, zu unterscheiden und Klarheit zu bekommen: Wovor habe ich eigentlich Angst? Mütter haben oft Angst davor, durch einen frühen Tod ihre Kinder im Stich lassen zu müssen. Männer und Frauen haben Angst, der Partner könne vor ihnen sterben und sie seien dann allein und auf sich gestellt. Andere haben Angst vor den Schmerzen, die mit dem Tod verbunden sind. Wieder andere ängstigen sich vor der eigenen Hilflosigkeit und Bedürftigkeit, die mit dem Sterbeprozess verbunden ist. Andern macht es Angst sich vorzustellen, sie begegneten im Tode Gott und damit ihrer eigenen Wahrheit. Andere werden von der Vorstellung ewiger Verdammnis gequält. Der erste Schritt wäre also, mit seiner Todesangst in Kontakt zu kommen und sich mir ihr zu „unterhalten", um genauer zu sehen, wovor man Angst hat. Der zweite Schritt bestünde darin, sich von seiner Todesangst zu Gott führen zu lassen. Ich gestehe mir ein, dass ich Angst vor dem Tod habe. Aber ich lasse mich von dieser Angst daran erinnern, dass ich im Tod in Gottes Hände fallen, dass ich mich seiner Liebe hingeben werde. Die Angst vor dem Tod zeigt mir dann letztlich auf, worauf es eigentlich in meinem Leben ankommt. Es kommt nicht darauf an, etwas Großes zu leisten, sondern mich immer wieder Gott zu ergeben und für seinen Geist durchlässig zu werden. Wenn ich dazu in der Lage bin, dann wird mein Leben fruchtbar. Dann werde ich auch meine ureigenste Spur in diese Welt eingraben. Der Tod lädt mich ein, mich in Gottes Hände zu begeben.

Oft ist die Todesangst auch irrational. Sie taucht aus der Tiefe des Unbewussten auf, ohne dass uns der Glaube davon befreien könnte. Und in diesem Augenblick hilft auch der Glaube nicht weiter. Eine Frau, die, zwölfjährig, mit dem Fahrrad unter einen Lastwagen geriet, hatte in ihrer Jugend diesen Unfall und das damit zusammenhängende Trauma gut verarbeitet. Doch mit 40 Jahren bekam sie auf einmal Angst, eine Straße zu überqueren. Ja, sie konnte kaum mehr aus dem Haus gehen. Sie war von der Vorstellung besetzt, sie könne tot umfallen. Für diese Frau war ihr Glaube sehr wichtig, sie betete und meditierte regelmäßig. Doch der Glaube konnte sie nicht von ihrer Todesangst befreien. Die Angst stieg einfach in ihr auf und sie war ihr ohnmächtig ausgeliefert. Ich riet ihr, sie solle sich von ihrer Todesangst immer wieder an Gott erinnern lassen. Sie solle sich vorsagen: „Ja, ich werde sterben, ob jetzt oder später, das weiß ich nicht. Mein Leben ist begrenzt. Ich werde im Tod zu Gott kommen. Aber jetzt in diesem Augenblick lebe ich. Und diesen einen Augenblick will ich bewusst leben, vor Gott und in Gott." Sie hörte auf, gegen die Todesangst zu kämpfen, sondern ließ sich von ihr immer wieder auf Gott verweisen. Ihre Todesangst wurde für sie zur Begleiterin auf ihrem Weg zu Gott. Sie war nach wie vor manchmal sehr bedrohlich für sie. Aber je mehr sie sie als Freundin annahm, desto mehr konnte sie die Angst entmachten. Und nach einiger Zeit verlor die Angst das Bedrängende und Erdrückende. Sie wurde zur Erinnerung an ihr Sein in Gott. Sie verstand immer mehr: Sowohl im Leben als auch im Tod bin ich in Gott. Und so macht es keinen großen Unterschied, ob ich lebe oder sterbe.

Eine andere Frau wachte nachts oft mit einer Todesangst auf, die sie in Panik versetzte. Gegen diese Angst konnte sie nichts machen. Sie hat sie in der Therapie bearbeitet und versucht, ihren Ursprung zu verstehen. Sie wurde offensichtlich von einem sexuellen Missbrauch in der frühen Kindheit und von Bedrohungen verursacht, die sich so tief in ihre Seele eingegraben hatten, dass sie nachts immer wieder in ihrem Unterbewusstsein auftauchten. Solch tiefe Ängste brauchen therapeutische Bearbeitung. Aber oft kann uns auch die Therapie nicht von dieser Angst befreien. Denn der Missbrauch ist ähnlich einer Kriegsverletzung, die zwar heilen kann, jedoch immer Narben hinterlassen wird. Die Frau musste sich damit aussöhnen, dass ihr die Wunde bleiben und dass auch die Todesangst immer wieder in ihr hochsteigen wird. Sie kann nur lernen, anders damit umzugehen, die Angst als Erinnerung und Einladung zu verstehen, sich mit ihrer Todesangst jetzt, in dem Augenblick der Angst, Gott zu ergeben. Bei den meisten von uns löst die Todesangst zunächst jedoch Panik aus. Sie lähmt uns und hindert uns daran, klar zu denken. Um auf sie zu reagieren kann ein Ritual hilfreich sein. Ein solches Ritual könnte etwa sein, einen Engel oder ein Kreuz in die Hand zu nehmen, die neben unserem Bett liegen. Dann können wir uns in der Angst, die uns überschwemmt, am Engel oder am Kreuz festhalten und so langsam spüren, dass wir nicht allein sind in unserer Angst.

Die Todesangst gehört wesentlich zu uns Sterblichen. Wir können ihr nicht ausweichen. Wir sollen uns mit ihr anfreunden, mit ihr sprechen und uns von ihr immer wieder auf Gott verweisen lassen. Dann wird sie uns daran erinnern, dass wir Menschen sind und nicht Gott, dass wir sterblich sind und nicht unsterblich. Doch in unserer Sterblichkeit begeben wir uns zu Gott. In ihm wird unsere Sehnsucht nach ewigem Leben erfüllt. Wenn wir Gott begegnen, werden wir nicht aufgelöst, sondern da wird unser innerster Kern, unsere Person, für immer gerettet. Ja, erst in Gott wird das ursprüngliche und unverfälschte Bild, das er in unsere Seele eingeprägt hat, in seinem wahren Glanz aufleuchten. Für immer.

Die Überwindung der Angst im Gebet

Der spirituelle Weg ist in allen Religionen eine Möglichkeit, die Angst vor Gott zu benennen und sie ihm im Gebet darzureichen. Dabei geht es weder darum, Gott nur zu bitten, uns möglichst schnell von der Angst zu befreien, noch geht es um Magie. Ich kenne freilich viele Menschen, die sich in ihrer Angst an Gott wenden und ihn wie einen Zauberer benutzen, der ihnen möglichst schnell und schmerzfrei die Angst wegzaubert. Sie sind aber nicht bereit, ihre eigene Angst anzuschauen und durch die Angst die Wahrheit der eigenen Seele zu entdecken. Angst hat ja immer mit der eigenen Lebensgeschichte und mit dem eigenen Selbstverständnis zu tun. Doch viele wollen diesen schmerzlichen Weg der Selbstbegegnung und des vorurteilslosen Anschauens dieser bedrängenden Emotion überspringen. Sie stellen sich nicht der eigenen Wirklichkeit. Dann aber wird auch das Gebet nicht viel helfen. Manche denken, sie hätten noch zu wenig Vertrauen. Sie bitten Gott, ihnen genügend Vertrauen zu schenken, damit sie frei werden von der Angst. Doch oft entsteht dann ein Teufelskreis. Sie beten mehr und mehr und spüren trotzdem die Angst. Wenn die Angst nicht nachlässt, suchen sie entweder die Schuld bei sich selbst oder aber bei Gott. Und irgendwann hören sie dann auf, sich an Gott zu wenden.

In den authentischen Traditionen aller Religionen ist das Gebet der Weg, mit Gott auch über unsere Angst zu sprechen und dadurch die Angst zu verwandeln. Das Gebet ist nicht die Flucht vor meiner Angst zu Gott. Es ist vielmehr die Bereitschaft, mich und meine Angst Gott zu zeigen und sie vor Gott selbst anzuschauen. Durch die Angst hindurch erkenne ich dann, von welchem Selbstbild ich geprägt bin, welche übertriebenen Erwartungen ich an mich, an das Leben und an Gott habe. Im Gebet wende ich mich an Gott und bin also nicht allein mit meiner Angst. Vor ihm kann ich meine Angst zulassen und sie ausdrücken. Die Hinwendung zu ihm entmachtet meine Angst.

Ich fühle mich mit meiner Angst von ihm angeschaut und getragen. Im Gebet kann ich ihn fragen, was er mir durch meine Angst sagen, woran er mich erinnern möchte. In solch einem Zwiegespräch kann mir der Sinn meiner Angst bewusst werden.

Im Verhalten Jesu wird dies deutlich. Die drei Synoptiker erzählen uns von der Angst Jesu beim Gebet auf dem Ölberg. In diesem Gebet rang er mit Gott, der Kelch möge doch an ihm vorüber gehen. Jeder Evangelist gebraucht andere Worte für die Angst Jesu. Markus spricht vom Erschrecken und Entsetzen (ekthambeistehai) und von der Angst vor der Vereinsamung (ademonein = ohne Volk sein, verlassen sein, einsam sein). Er versteht die Angst als etwas, das mich aufspringen, also erschrecken lässt und mich aus der ruhigen Lage des Sitzens „herauswirft". Matthäus ersetzt das „Erschrecken" Jesu durch sein Traurigsein. Die Angst drückt ihn nieder und macht ihn traurig. Häufig ist Angst mit Depression verbunden. Angst nimmt uns alle Kraft, so dass wir niedergedrückt und traurig werden. Lukas spricht von „agonia". Es ist die Angst vor dem Tod, ein Anspannen aller Kräfte. Agonia kommt von Kampf. Jesus ringt voller Angst mit dem Tod. Alles in ihm ist in Aufruhr, ist angespannt. Die Angst hält ihn völlig im Griff. Lukas beschreibt diese Angst leibhaftig. Sie erfasst die Seele und den Leib des Menschen. Der Angstschweiß fällt wie Blutstropfen zur Erde.

Am Ölberg stellt sich Jesus seiner Angst. Es ist die Angst, von seinen Jüngern allein gelassen zu werden. Es ist das Erschrecken vor dem, was ihn in den Folterqualen erwartet. Die Angst mischt sich mit der Trauer über sein Schicksal. Seine Absicht, den Menschen Gottes Nähe zu verkünden und diese heilende Nähe Gottes in der Heilung der Kranken zum Ausdruck zu bringen, ist offensichtlich nicht angenommen worden. Und es ist die Angst vor der Katastrophe des Todes, die Angst, in seinem Leben und mit seinem Tun gescheitert zu sein. Wir alle kennen diese Ängste. Wir haben Angst vor den Schmerzen, die uns in der Krankheit erwarten, Angst vor Hilflosigkeit, Angst, allein gelassen zu werden. Die Angst kann auch uns völlig einnehmen, sodass der ganze Körper zu zittern oder zu schwitzen beginnt.

Jesus überwindet diese Angst im Gebet. Er überspringt sie nicht, sondern hält sie Gott hin. Und indem er sie ihm gegenüber ausspricht, kann sie sich wandeln. Bei Lukas geschieht die Wandlung dadurch, dass Gott einen Engel vom Himmel sendet, um ihn zu stärken. Der Engel kann ein Mensch sein, der uns in unserer Angst beisteht. Manchmal kommt der Engel in einem inneren Impuls zu uns. Im Gebet steigt ein Gedanke auf, der uns stärkt und tröstet. Der Engel kann zu uns auch sprechen durch ein Wort der Bibel, auf das wir zufällig stoßen oder das uns spontan einfällt, oder aber durch ein Wort, das in einem Buch auftaucht, das wir im richtigen Moment aufschlagen. Der Engel vermittelt uns, dass wir nicht allein sind in unserer Angst, sondern dass Gott sich um uns und unsere Angst kümmert. Gott sendet seinen Engel in unsere Einsamkeit, in unsere Ohnmacht und in unsere Angst, um uns zu trösten und zu stärken.

Die frühen Mönche haben diesen Weg Jesu, im Gebet die Angst zu überwinden, als Vorbild für ihren Gebetskampf genommen. Sie raten, in unseren Ängsten und Bedrängnissen bei Gott Zuflucht zu nehmen. Sie vergleichen das Gebet dabei mit einem Baum, auf den wir uns vor den angreifenden Löwen flüchten. Der Baum gibt uns Halt. Gott ist wie ein Schutzraum, in den wir flüchten dürfen, wenn wir Angst haben vor dem, was uns bedroht. Der andere Weg, die Angst im Gebet zu überwinden, besteht darin, in die Angst hinein ein Wort aus der Schrift zu sprechen. Unsere Angst drückt sich ja immer auch in Worten aus wie: „Ich habe Angst. Ich kann das nicht. Was denken die andern von mir." In diese Angst hinein sollen wir dann ein Vertrauenswort sprechen wie dieses: „Der Herr ist mit mir; ich fürchte mich nicht. Was können Menschen mir antun!" (Psalm 118) Es geht nicht darum, mit diesem Wort die Angst zu vertreiben. Vielmehr geht es darum, in die Angst hinein dieses Wort zu halten und mich so in Berührung zu bringen mit dem Vertrauen, welches zwar auf dem Grund meiner Seele bereit liegt, von der

Angst jedoch überdeckt wird. Keiner von uns hat nur Angst oder nur Vertrauen. Immer finden wir beide Pole in uns. Aber manchmal sind wir so sehr auf unsere Angst fixiert, dass wir das Vertrauen, das auch in uns ist, übersehen. Das Wort der Bibel ist für die frühen Mönche ein Heilungswort. Es bringt uns in Berührung mit dem Heilen und Ganzen, das schon in uns ist, durch die negativen Worte aber entmachtet wurde.

Ein anderer Weg, im Gebet mit der Angst umzugehen, besteht darin, mit Gott über die Angst zu sprechen. Was will Gott mir durch meine Angst sagen? Worauf will mich die Angst hinweisen? Gott spricht auch durch die Angst zu mir. Vielleicht weist er mich darauf hin, dass ich mein Maß überschritten habe. Vielleicht sagt mir die Angst, dass ich falsche Grundannahmen für mein Leben in mir habe. Wenn ich z. B. Angst habe, mich vor andern zu blamieren, so hat das seinen Grund in der Annahme: „Wenn ich einen Fehler mache, bin ich nichts wert, dann halten mich die andern für verrückt.“ Solche Annahmen hindern mich am Leben. Sie sind wie innere Gesetze, die uns nicht leben lassen. Stattdessen kann ich sagen: „Ich darf Fehler machen. Ich bin immer von Gott angenommen und geliebt. Was die Menschen über mich denken, ist nicht so wichtig." Durch die Angst lädt mich Gott ein, gesündere Lebensgesetze für mich zu suchen. Vielleicht will Gott mir durch meine Angst auch sagen, dass ich ein infantiles Gottesbild habe. Wenn ich meine, Gott sei der Garant gegen alle Angst und durch ihn könne mir nie etwas Negatives widerfahren, durch ihn sei ich auf immer frei von Angst und Depression, dann lebe ich eine Illusion. Denn ich projiziere dadurch meine infantilen Bedürfnisse auf Gott. Doch Gott ist auch der, der mich in die Dunkelheit und in die Angst führt, damit ich mich ihm ganz und gar ergebe.

Am Ölberg erscheint Jesus in seiner Angst ein Engel. Der nimmt ihm nicht einfach die Angst, sondern stärkt ihn, damit er seinen Weg mit größerem Vertrauen zu gehen vermag. Das ist für mich ein schönes Bild für einen spirituellen Umgang mit der Angst: Ich bete mit meiner Angst zu Gott. Und ich nehme die Angst selbst wie einen Engel, der zu mir kommt, um mich auf Gott hinzuweisen und mich an Gott zu erinnern, der allein letztlich meine Angst zu beruhigen vermag. Wie kann das konkret aussehen? Eine Frau hat Angst, ihr Leben nicht zu schaffen. Sie hat immer wieder Depressionen und fürchtet, deswegen ihren Beruf nicht mehr ausüben und dann auch ihren Lebensunterhalt nicht mehr bestreiten zu können. Wenn sie diese Angst als Engel sähe, der sie begleitet auf ihrem Weg zu Gott, dann hieße das: Ich lasse die Angst zu. Ja, es könnte sein, dass ich mein Leben nicht mehr bewältigen kann. Aber was würde das bedeuten? Es bedeutet: Ich werde auch im Scheitern in Gottes Hand sein. Die Angst verweist mich auf eine ganz neue Möglichkeit: Gerade dort, wo ich nichts in der Hand habe, erahne ich, was es heißt, aus Gottes Gnade zu leben. Ich muss in meinem Leben gar nicht perfekt sein. Ich tue das, was in meiner Kraft liegt. Aber ich bin auch mit meiner Schwäche in Gottes Hand. Gott wird mich nicht fallen lassen. Er wird mir seine Hand nicht entziehen, selbst wenn vieles anders läuft, als ich mir vorgestellt habe.

So kann die Angst vor dem Scheitern auch zum Engel werden, der mich näher zu Gott führt.

Ein anderes Beispiel mag dies ebenfalls erläutern: Ein Mann lebt in der ständigen Angst, er könne Krebs bekommen und dann sterben. Gegen die Angst anzukämpfen, hilft nicht weiter. Selbst wenn der Arzt ihm bestätigt, er bräuchte keine Angst zu haben, er sei gesund und nicht besonders anfällig für Krebs, beruhigt das seine Angst nicht. Denn er hört von andern, die sechzig Jahre lang gesund waren und sich dann aus heiterem Himmel mit der Diagnose Krebs konfrontiert sahen. Der einzige Weg, mit dieser Angst zu leben, wäre: im Gebet mit Gott über diese Angst zu sprechen, sie sich einzugestehen und sie dann als Engel zu begrüßen, der mich zu Gott führen möchte. Immer wenn die Angst in mir hochsteigt, nehme ich sie an. Ich sage mir: Ja, ich könnte Krebs bekommen. Aber ich weiß, dass ich auch in der Krankheit in Gottes Hand bin. Die Angst weist mich darauf hin, worum es eigentlich in meinem Leben geht. Es geht nicht darum, wie lange ich lebe, sondern dass ich intensiv lebe, dass ich jetzt in diesem Augenblick lebe. Und die Angst lädt mich ein, mich und vieles, woran ich hänge, loszulassen und mich Gott zu überlassen. Auf diese Weise wird die Angst zum Engel, der mich begleitet und mir immer wieder die Augen öffnet für das Wesentliche.

Es geht im Gebet also nicht darum, die Angst loszuwerden. Vielmehr soll ich im Gebet erkennen, wohin mich die Angst führen möchte. Der Philosoph Ulrich Hommes spricht von Ängsten, die uns „eine Dimension des menschlichen Daseins erschließen, von der wir ohne die Angst wohl noch weniger Ahnung hätten." (Hommes 41f) Die Angst kann für mich zum Begleiter werden, der mich immer tiefer einführt in das Geheimnis meines menschlichen Daseins und der mich letztlich zu Gott führt als dem eigentlichen Grund meines Lebens.

Viele möchten auf ihrem Weg zu Gott gerne an ihrer Angst vorbeigehen. Sie sehen in ihr eher ein Hindernis auf diesem Weg oder meinen, sie sei ein Zeichen dafür, dass sie zu wenig glauben und vertrauen. Sie sind oft enttäuscht, weil sich ihre Angst trotz der Gebete nicht auflöst. Die Ölbergszene, wie Lukas sie uns schildert, zeigt da freilich einen anderen Weg. Als der Engel vom Himmel herabkommt und Jesus neue Kraft gibt, verschwindet seine Angst nicht. Vielmehr bestärkt der Engel Jesus darin, in seiner Angst noch inständiger zu beten. Zugleich zeigt sich diese Angst jetzt erst in ihrem ganzen Ausmaß, sie bringt Jesus ins Schwitzen. Er wird durch das Gebet also nicht einfach frei von der Angst, sondern er wird bereit, sich seiner Angst zu stellen und mit seiner Angst den Weg in die Passion bis ans Kreuz zu gehen. Die Angst hindert ihn nicht mehr an seinem Weg.

Das ist das Ziel allen Betens: Wir beten nicht gegen unsere Angst, sondern mit unserer Angst. Sie verweist mich auf Gott, ist also nicht mehr der Feind, den ich bekämpfen muss, sondern der Freund, der mich zu Gott führt. Sie zeigt mir, dass ich nicht nur auf mich und meine Kraft angewiesen bin, sondern allein auf Gott vertrauen kann. Ich habe keine Garantie dafür, dass ich mein

Leben immer meistern werde. Ich habe keine Garantie, dass das, wovor ich mich ängstige, nicht eintreten wird. Aber ich weiß: Mit meiner Angst bin ich in Gottes Hand. Die Angst lädt mich ein, ähnlich wie Jesus, mich in Gottes Liebe hinzugeben. Indem ich mich Gott ergebe, löst sich meine Angst auf. Doch sie wird immer wieder auftauchen. Ich darf mich dann aber nicht ärgern, dass sie wiederkommt, sondern ich kann sie, wie Jesus am Ölberg, als Freund begrüßen, der mich auf Gott verweist: als Engel, der von ihm kommt und mich zu ihm führt.

Erlösung als Befreiung aus der Angst

Es gibt Ängste, die uns ein Leben lang begleiten. Sie verweisen auf Gefahren, denen wir uns stellen müssen. Oder sie sind mit unserer menschlichen Endlichkeit verbunden. Es gibt aber auch Ängste, die uns fesseln, die uns wie in einem Gefängnis festhalten. Die Psychiatrie nennt sie neurotische Ängste. Es gibt viele neurotische Störungen, die unser Leben beeinträchtigen. Doch in den letzten Jahren haben Angststörungen erheblich zugenommen. „Die häufigste neurotische Störung ist heute die Angstneurose“, konstatiert die Psychologin Verena Günther. Die neurotische Angst hat den Menschen im Griff. „Der unter Angst Leidende ist gespannt, unruhig, bis zur Panik erregt; seine Aufmerksamkeit und seine Wachheit sind gesteigert, gleichzeitig aber seine Wahrnehmung eingeengt und die Besonnenheit verringert.“ (Günther 81) Ängste, die den Menschen gefangen halten, werden Phobien genannt, so z. B. die „Agoraphobie“, die krankhafte Angst vor dem Überqueren freier Plätze. Man hat Angst vor weiten Räumen. Man meint, man schaffe es nicht und falle unterwegs um. Andere haben Angst vor engen Räumen. Sie müssen sich z. B. in der Kirche immer in die letzte Bank setzen. Sonst bekommen sie Angst, es werde ihnen schlecht und sie seien dann in der Menge eingeschlossen. Viele Studenten kennen die Prüfungsphobie. Sie haben Angst, sie könnten durch die Prüfung fallen. Oft lähmt sie diese Angst und hindert sie daran, intensiv zu lernen. Oder wenn sie gelernt haben, zeigt sich die Angst in der Prüfung wie eine innere Blockade, die ein klares Denken beeinträchtigt.

Viele Menschen werden von Angst- oder Panikanfällen heimgesucht. Sie wissen oft nicht, warum diese Panikattacken sie überfallen. Es gibt oft keine äußeren Auslöser. Offensichtlich liegt der Ursprung solcher Angstanfälle in einem selbst verborgen. Häufig ist es die Angst vor dem Kontrollverlust oder aber die Angst, hilflos zu sein und die Situation nicht bewältigen zu können. Und Situationen, die das Selbstwertgefühl bedrohen, lösen Ängste aus. Allerdings sind Panikattacken nicht vorhersehbar. Daher sind sie für viele Menschen so bedrohlich. „Die Angst vor der Angst", die Befürchtung, dass aus heiterem Himmel Panik auftreten könnte, kann eine harmlose Angst schon zu einer Panikattacke anschwellen lassen. In der Psychologie unterscheidet man zwischen dem Angstzustand, in den uns eine bedrohliche Situation versetzt, also zwischen der Ängstlichkeit als einer Haltung, die von Mensch zu Mensch verschieden ist, und der Hintergrundangst. Die Hintergrundangst „ist ein ständig quälendes Gefühl der Schwere oder Angst, das gewöhnlich an einen unbefriedigenden Zustand im Leben des Betroffenen geknüpft ist." (Günther 86)

Solche Ängste sind wie ein Gefängnis. Wir sehnen uns danach, von diesen Ängsten befreit zu werden. Wir suchen nach einem, der uns die Fesseln der Angst löst. Wir sehnen uns nach Erlösung aus unserer Angst. Im „Benediktus", dem Lobgesang des Zacharias, beschreibt Lukas das Geheimnis unserer Erlösung durch Jesus Christus als Befreiung von der Angst: „Er hat uns geschenkt, dass wir, aus Feindeshand befreit, ihm furchtlos dienen in Heiligkeit und Gerechtigkeit vor seinem Angesicht all unsre Tage.“ (Lk 1,74f) Im Griechischen wird hier der Begriff „aphobos“ verwendet. Er bedeutet einen Mangel an Furcht, ein Fehlen der Furcht. In Jesus Christus hat uns Gott die Befreiung von der Angst geschenkt. Die Befreiung aus der Angst hängt zusammen mit der Befreiung aus der Hand der Feinde. Es sind letztlich die Feinde unserer Seele, die uns Angst machen. Die Feinde der Seele, das sind unsere kranken Lebensmuster, unsere Komplexe, unsere Schwächen und Fehler. Oder – in der Sprache der Bibel – es sind die Dämonen, die uns nicht zu dem werden lassen, zu dem Gott uns gemacht hat. Die Psychologie benennt diese Feinde der Seele mit anderen Begriffen: Es sind falsche Deutungen der Wirklichkeit, verzerrte Denkmuster, die die Wirklichkeit einseitig wahrnehmen und nur das Beängstigende in ihr sehen.

Wie hat uns nun Jesus von diesen Feinden der Seele, von diesen destruktiven Denkmustern und Deutungsweisen unserer Wirklichkeit befreit? Wie können wir diese Befreiung von unserer Angst verstehen und erfahren?

Für mich kommt in dem eben zitierten Vers aus dem Lobgesang des Zacharias etwas Wesentliches vom Geheimnis der Erlösung, wie Lukas sie versteht, zum Ausdruck. Schon der Grieche Lukas hat die Angst als etwas Quälendes erlebt, als das, was den freien und aufrechten Menschen in seinem Daseinsgefühl beeinträchtigt. Daher besteht für ihn Erlösung nicht so sehr in der Vergebung der Sünden, sondern vielmehr in der Befreiung aus der Angst und in ihrer Überwindung. Der Religionsphilosoph Eugen Biser hat dies verstanden, wenn er das Christentum „die Religion der Angstüberwindung“ nennt. Das Wesen Jesu kommt darin insofern zum Ausdruck, als er den Menschen tatsächlich ihre Angst nimmt. Er vermittelt ihnen: Ihr braucht keine Angst vor der eigenen Schuldhaftigkeit und vor inneren Feinden zu haben, die euch von innen her suggerieren, wie schlecht ihr seid und dass ihr euer Leben nicht schafft. Jesus befreit die Menschen von der Macht der Dämonen. Er richtet die aus

Angst in sich gekrümmte Frau auf und zeigt ihr ihre ursprüngliche Schönheit und Würde, so dass sie von nun an aufrecht durchs Leben geht und Gott dafür lobt, dass er sie so wunderbar geschaffen hat (vgl. Lk 13,10–17). Er richtet angstgebeugte Menschen auf und zeigt ihnen den ursprünglichen Glanz, in dem ihre Seele strahlt. Er öffnet ihnen die Augen, damit sie die Wirklichkeit richtig erkennen und frei werden können von der Projektion ihrer Angst auf die Realität dieser Welt. Er macht durch sein Handeln deutlich: Angst entsteht durch falsche Deutung der Welt und wir überwinden sie am besten, indem wir die Welt so sehen, wie sie von Gott geschaffen wurde. Lukas beschreibt uns die Welt in dieser ursprünglichen Qualität. Er sieht den Menschen realistisch, d. h. nicht durch eine dunkel gefärbte Brille, sondern mit den Augen Gottes, der die Welt als eine gute erschaffen hat. Diese wirklichkeitsgemäße Sicht wird bei ihm durch die beiden Worte „Heiligkeit“ und „Gerechtigkeit“ ausgedrückt.

Heilig ist der Mensch, der heil ist und ganz. „Heilig" bedeutet für die Griechen das, was der Welt entzogen ist, worüber die Welt keine Macht hat. Jesus, so meint Lukas, hat uns ermöglicht, in Heiligkeit vor Gott zu leben, uns nicht beherrschen zu lassen von den Ängsten, die uns an die Welt binden, sondern uns von Gott prägen zu lassen. In jedem Menschen befindet sich ein heiliger Raum, ein Raum der Stille, in den der Lärm dieser Welt nicht eindringen kann, ein Raum, in dem Gott wohnt und wo die Menschen keinen Zutritt haben. In diesem heiligen Raum in uns kommen wir mit dem heilen und unversehrten Kern in uns in Berührung. Da kann die Angst nicht eindringen, da hat sie keine Macht über uns. Da sind wir erlöst, d. h. frei von der bedrückenden und einengenden Angst.

„Gerecht" ist in der griechischen Philosophie des Platon, dem Lukas in seinem Evangelium immer wieder folgt, der Mensch, der richtig lebt. Gerecht sein heißt demnach zuerst einmal, dem eigenen Wesen, näherhin, den drei Kräften menschlichen Lebens gerecht zu werden: dem Geist, der Seele und dem Leib. Es heißt auch, die durch diese Kräfte bestimmten eigenen Bedürfnisse zu berücksichtigen und richtig damit umzugehen. Erst in zweiter Linie – aber mit dem ersten Aspekt durchaus zusammenhängend – ist Gerechtigkeit eine soziale Tugend. Nur wenn ich mir gerecht werde, vermag ich nämlich auch den Menschen gegenüber gerecht zu sein. Der Gerechte sieht die Welt richtig: so, wie sie ist. Lukas zeigt uns in Jesus das Bild des wahrhaft gerechten Menschen. In ihm sollen wir selbst „richtig“ werden, das heißt: so, wie Gott uns gedacht hat. Wenn wir unserem Wesen als Mensch gerecht werden, dann werden wir nicht von der Angst beherrscht, nicht „richtig“ zu sein. Wir wissen, dass Gott uns „richtig“ gemacht hat. Wir dürfen dann so sein, wie wir sind.

Der Lobgesang des Zacharias beschreibt unsere Erlösung von der Angst darüber hinaus noch mit anderen Begriffen. Da ist einmal der Begriff der „gnosis“, der Erkenntnis, der Erleuchtung. Schon Johannes der Täufer soll uns die Erkenntnis des Heils schenken. Er soll uns die Augen dafür öffnen, dass in Jesus unser Leben heil wird, dass die Sünde keine Macht mehr über uns hat. Jesus selbst offenbart uns das herzliche Erbarmen Gottes. Gott hat sich uns barmherzig und liebend zugewandt. Er hat uns besucht, weil wir uns selbst verloren haben und uns fremd geworden sind. Und er hat sein Licht über uns aufgehen lassen, um uns zu erleuchten und um unsere Schritte zu lenken auf den Weg des Friedens. Drei Aspekte Gottes sind es, die uns in Jesus erschienen sind und die uns von unserer Angst befreien sollen: die Barmherzigkeit Gottes, sein Licht, das uns erleuchtet, und der Friede, der uns geschenkt wird, wenn wir seine Liebe in uns eindringen lassen.

Gottes Barmherzigkeit soll uns lehren, barmherzig mit uns selbst umzugehen, anstatt uns ständig zu verurteilen und gegen uns zu wüten. Die Härte sich selbst gegenüber entspringt ja immer der Angst, nicht gut genug zu sein. Die Barmherzigkeit ist ein Weg, mit uns selbst Frieden zu schließen. Wenn wir die Barmherzigkeit Gottes in alle unsere Selbstvorwürfe hineinströmen lassen, dann wird sich die Angst, nicht richtig zu sein, beruhigen. Das Licht Gottes, das in Jesus Christus aufgestrahlt ist, ist kein kaltes Licht, sondern ein barmherziges Licht, das in die Abgründe unserer Angst eindringen möchte. Es möchte das Dunkel in uns erhellen, um uns einen barmherzigen Blick in die Tiefen unseres Unbewussten zu ermöglichen und Frieden zu schließen mit allem, was in uns ist.

Jesus hat uns in seiner Predigt einen Weg zu diesem Frieden gewiesen. Wir sollen mit den Feinden unserer Seele Frieden schließen, anstatt sie zu bekämpfen. Wir sollen mit der Angst Frieden schließen. Dann wird sie zu unserem Freund. Jesus erklärt diesen Zusammenhang in dem Gleichnis von dem König mit den zehntausend Soldaten (Lk 14,31f). Wenn wir mit unseren zehntausend Soldaten, mit unserem Willen, unserer Disziplin, unserem Verstand gegen die zwanzigtausend Soldaten der Angst kämpfen, reiben wir uns in diesem Kampf auf. Je mehr Energie wir in den Kampf gegen die Angst stecken, desto größer wird die Gegenkraft, die die Angst entwickelt. Sie wird uns dazu zwingen, unsere ganze Energie zu vergeuden, um Mauern aufzubauen, damit die Angst nicht in unser Herz eindringen kann. Die Energie, die wir in den Aufbau der Abwehr stecken, wird uns zum Leben fehlen. Wir werden unfähig, uns selbst zu spüren. Die Mauer, die wir aufbauen, wird uns auch vom eigenen Herzen trennen. Jesus lädt uns ein, Frieden zu schließen mit unserer Angst, aus der Angst als Feindin eine Freundin zu machen. Dann gehört die Kraft, die in der Angst steckt, zu uns. Die Angst wird uns auf unserem Weg begleiten. Sie wird uns aus der Enge heraus zu einer größeren Weite führen. Im Bild des Gleichnisses Jesu gesprochen: Wenn wir aus den Feinden Freunde machen, erweitert sich unser Land. Und wir haben, um im Bild zu bleiben, statt zehntausend nun dreißigtausend Soldaten zur Verfügung. Wir haben also mehr Kraft, als wenn wir uns im Kampf aufreiben. Die zwanzigtausend Soldaten der Angst werden uns helfen, das eigene Land aufzubauen und zu gestalten. Unser Leben wird reicher und bunter. Manchen macht es allerdings Angst, mit ihrer

Angst Frieden zu schließen. Sie meinen, sie müssten sie besiegen. Doch erst wenn wir Frieden mit ihr schließen, wird sie zum Freund werden, der uns ein freies und intensiveres Leben ermöglicht.

Die Angst in der Welt

Der dänische Religionsphilosoph Søren Kierkegaard hat zwischen Furcht und Angst genau unterschieden. Furcht, so sagt er, beziehe sich immer auf etwas Bestimmtes, auf eine konkrete Gefahr: Ich fürchte mich vor dem Wolf, vor einem Flugzeugabsturz, vor der Prüfung. Angst dagegen ist für Kierkegaard nicht gegenstandsbezogen. In ihr bleibt das, was als Gefahr empfunden wird, unbestimmt. Angst kann zu einem Grundgefühl werden. Auch wenn heutige Sprachwissenschaftler und Philosophen diese klare Unterscheidung von Furcht und Angst nicht mehr übernehmen, so hat Kierkegaard doch etwas Wichtiges entdeckt, wenn er die Angst als unbestimmte Stimmung verstand. Damit hat er ein Grundgefühl des modernen Menschen beschrieben. Existenzphilosophen wie Heidegger, Jaspers, Sartre und Camus sehen das „In-der-Welt-Sein" des Menschen als von Angst bestimmt an. Martin Heidegger hat in seiner Analyse der Angst in seinem berühmten Werk „Sein und Zeit“ erkannt, dass die Angst sich nicht vor etwas innerweltlich Seiendem ängstigt. „Wovor die Angst sich ängstet, ist das In-der-Welt-sein selbst.“ (Heidegger 187) Die Angst wirft den Menschen auf sich selbst zurück und vereinzelt ihn. Sie nötigt ihn zu der Freiheit, sich selbst zu wählen. „In der Angst ist einem ‚unheimlich‘.“ (ebd. 188) Angst als eine Grundbefindlichkeit des Menschen zeigt ihm, dass er in der Welt ist, aber nicht in ihr zuhause. Dieses „Nicht-zuhause“-Sein führt zur Erfahrung der Unheimlichkeit des Daseins. Letztlich meint Heidegger damit, dass der Mensch sich in dieser Welt fremd fühlt. Die Angst zwingt ihn, sein innerstes Wesen, seine „Eigentlichkeit“ zu entdecken. Die Angst, die Heidegger meint, „ist das vor jedem konkreten Anlass schon vorhandene Gefühl unsäglicher Bedrohtheit, jene Stimmung, in der sich so etwas zeigt wie die Hineingehaltenheit des Daseins in das Nichts.“ (Hommes 53) Viele Dichter folgen der Existenzphilosophie und beschreiben das Leben des heutigen Menschen als „In-der-Angst-sein“. Diese Form von Angst ist typisch für unsere Zeit. Die griechische Philosophie und auch die Philosophie des Mittelalters sah die Welt als Ordnung, in die Gott uns gestellt hat. Diese Ordnung ist in sich gut. Ihr kann man vertrauen. Daher taucht weder in Griechenland noch im Mittelalter die gegenstandslose Angst auf.

Unsere Angst hängt zutiefst mit unserer Beziehung zur Welt zusammen. Wir haben Angst, die Welt zu verlieren, und damit das, was wir mit Welt verbinden: Besitz und Erfolg, Zuwendung und Bestätigung, Gesundheit und Kraft. Und wir haben Angst vor der eigenen Endlichkeit, die mit unserem Sein in der Welt verbunden ist. Wir spüren, dass die Welt unsere unendliche Sehnsucht nicht zu erfüllen vermag. Sie bietet uns Geborgenheit und Halt, verspricht uns Belohnung für unsere Leistung, Anerkennung für das, was wir sind. Und zugleich erfahren wir, dass die Welt nicht hält, was sie verspricht. Alles, was wir mit der Welt verbinden, ist brüchig: unser Körper ist verwundbar, der Besitz ist vergänglich. Wir können ihn nicht mitnehmen in den Tod. So sagt es uns schon der skeptische Prediger im Buch Kohelet. Am Ende all seiner Bemühungen um Erfolg und Vergnügen, um Besitz und Sicherheit muss er bekennen: „Das Ergebnis: Das ist alles Windhauch und Luftgespinst." (Koh 1,11)

Im Johannesevangelium verbindet Jesus die Angst mit unserem In-der-Welt-Sein. Johannes Schneider übersetzt diesen Vers: „In der Welt habt ihr Angst, aber seid getrost: Ich habe die Welt überwunden." (Joh 16,33) Johannes bezieht sich in diesem Wort offensichtlich auf die Daseinserfahrung der Gnosis, die sich danach sehnte, der Welt zu entfliehen und in der Erleuchtung eine Beruhigung der Grundangst zu finden, die mit ihrem In-der-Welt-Sein eng verbunden war. Johannes hat hier etwas gesehen, was uns an das erinnert, was in Darstellungen moderner existentialistischer Philosophen als Grundgefühl unserer Zeit aufscheint. Unsere Ängste ähneln in der Tat der Angst, wie sie die Gnosis im ersten Jahrhundert nach Christus gekannt und immer wieder beschrieben hat. Wie bei vielen

Menschen jener Zeit gibt es auch heute die verbreitete Sehnsucht danach, dieser Welt und ihrer Macht zu entfliehen, einen spirituellen Weg zu gehen und in der Mystik eins zu werden mit Gott. Martin Heidegger hat beschrieben, dass viele Menschen vor der Angst in eine „alltägliche Öffentlichkeit des Man“ fliehen, in eine „beruhigte Selbstsicherheit“, in die „durchschnittliche Alltäglichkeit des Daseins“. Die Gnosis dagegen suchte Angstbefreiung nicht durch Flucht in die Welt, sondern durch Befreiung aus den Fesseln der Welt.

Der Weg, den das Evangelium zum Umgang mit der Angst weist, ist ein anderer: Der Weg des Glaubens muss beide Pole miteinander verbinden. Die Angst, die mit dem In-der-Welt-Sein verbunden ist, kann man besiegen, indem man sich ohne Angst der Welt zuwendet und dabei zugleich die innere Freiheit von der Welt und ihrer Macht spürt.

Eugen Drewermann hat in seiner Darstellung der Beziehung von Glauben und Angst die Daseinsangst der Existenzphilosophie mit den vier Grundformen menschlicher Angst verbunden, wie sie Fritz Riemann in seinem bekannten Buch dargestellt hat (vgl. Drewermann, Psychoanalyse 128–162): Nach Kierkegaard lebt der Mensch in dieser Welt als freies Wesen zwischen den Polen Notwendigkeit und Möglichkeit, Endlichkeit und Unendlichkeit. Er muss diese Pole in sich aushalten und verbinden. Angst wird bedrohlich, wenn sie diese Spannung nicht aushalten will, sondern alle Energie auf einen Pol setzt und sich an ihn klammert. Die vier Grundängste haben mit diesen vier Polen zu tun, die das In-der-Welt-Sein des Menschen prägen. Sie hängen mit unserer Einstellung zur Welt zusammen. Und sie können letztlich nur im Glauben überwunden werden.

Die erste Grundangst ist die Angst des zwanghaften Menschen. Sie kreist um den Pol der Notwendigkeit. Aus Angst um alles Mögliche flieht der Mensch in die Notwendigkeit. Das führt dazu, dass „das gesamte Lebensgefühl, das ganze Denken, die ganze Einstellung der Existenz von diesem einen Axiom beherrscht wird: Ich muss, um berechtigt zu sein, mir eine Daseinsberechtigung erarbeiten" (Drewermann 140). Die Angst des Zwanghaften ist die Angst vor der eigenen Wertlosigkeit. Ich erfahre mich in der Welt als wertlos. Daher muss ich meinen Wert in der Welt beweisen durch Leistung und Arbeit. Doch je mehr ich mich anstrenge, meinen Wert durch Leistung zu beweisen, desto stärker wird die Angst. Sie kann letztlich nur im Glauben überwunden werden, dass ich so, wie ich bin, unabhängig von aller Leistung von Gott bedingungslos angenommen bin.

Die zweite Grundangst ist die Angst des hysterischen Menschen, der um den Pol der unendlichen Möglichkeit kreist. Es ist die Angst vor der Haltlosigkeit des Daseins. Weil ich keinen festen Halt habe, weil mir die Welt und alles, was in ihr wertvoll ist, entschwindet, muss ich äußeren Halt suchen. Das kann der Besitz sein, an den ich mich festklammere. Oder es kann ein Mensch sein. Wenn ich aber von einem Menschen absoluten Halt und absolute Geborgenheit erwarte, werde ich ihn überfordern. Und er wird meine tiefsitzende Angst letztlich nicht beruhigen können. Das vermag nur der Glaube an den Gott, der mir Halt gibt. Gott ist der Grund, auf dem ich mein Lebenshaus sicher bauen kann, ohne dass ich Angst haben muss, es könne einstürzen.

Die dritte Angst ist die Angst des depressiv veranlagten Menschen, der an der Unendlichkeit verzweifelt. Es ist die Angst vor der Schuldhaftigkeit des Daseins. Allein dadurch, dass ich in der Welt bin, habe ich unendlich viel Schuld auf mich geladen. Ich nehme anderen die Zeit und den Raum weg, den sie zum Leben brauchen. Viele versuchen diese Angst dadurch zu bekämpfen, dass sie sich für andere verausgaben. Sie wollen gleichsam ihre Schuld abzahlen. Doch je mehr sie sich anstrengen, ihre Schuld durch Einsatz für andere abzuzahlen, desto mehr überfordern sie sich selbst und fühlen sich irgendwann verausgabt. Ihre Schuldangst verfolgt sie bis in diese Überforderung hinein. Sie führt sie zur Verzweiflung, die Kierkegaard als die Urform der Angst beschrieben hat.

Die vierte Angst ist die Angst des schizoiden Menschen. Der schizoide Mensch hat Angst vor Nähe. In der Sicht Drewermanns kommt er mit dem Pol der Endlichkeit nicht zurecht. Er ist nicht in Berührung mit seinen Gefühlen und wirkt daher auf andere gefühlskalt und distanziert. Er schildert schmerzliche Verletzungen, als sei er selbst nicht daran beteiligt. Weil er nicht in emotionaler Beziehung zu sich selbst, zu den Menschen und zur Welt steht, projiziert er seine eigenen Phantasien auf die andern. Er setzt sein Denken an die Stelle der Realität. Weil er nur um sich selbst kreist, wird ihm die Welt fremd. Und manchmal phantasiert er in diese Welt all seine Fremdheitsideen hinein. Diese Phantasien können sich steigern bis hin zum Verfolgungswahn. Dann wird er getrieben von der Angst, ein anderer könne ihn verfolgen. Erst der Glaube kann den schizoiden Menschen von seiner Angst befreien, indem er ihm ein Gefühl von Heimat und Geborgenheit gibt. „Erst auf dem Hintergrund einer absoluten Güte hinter und in allen Dingen kann der Mensch aufhören, in schizoider Angst der Welt gegenüber zu verharren.“ (Drewermann, Psychoanalyse 159)

Im Johannesevangelium wird uns ein Jesus vor Augen geführt, der keine Angst hat. Er ruht in Gott. Er hat in Gott alle menschliche Angst überwunden. Jesus geht auch durch die Passion als einer, der souverän über allen menschlichen Bedrohungen steht. Er hat seine Mitte in Gott gefunden. Daher kann ihn auch ein Pilatus nicht aus seiner Mitte stoßen. Und selbst die Henker können ihm nichts anhaben. Sie können nur seinen Leib töten. Aber er wird den grausamen Tod, dem sie ihm antun, nur als ein Gehen zum Vater verstehen. Jesus hat in sich die Angst überwunden. Und so lädt er *uns* ein, im Glauben unsere Angst zu überwinden. Indem ich auf Jesus schaue, kann ich anders mit meiner Angst umgehen: Wenn ich Angst habe, soll ich mich immer fragen, ob ich an der Welt hänge, ob ich mich von der Welt und ihren Maßstäben bestimmen lasse. Der Weg, von der Angst frei zu werden, ist: von der Bindung an die Welt frei zu werden. Auf den ersten Blick mag dies auf den Buddhismus verweisen: Wenn mich die Welt nichts mehr angeht, dann kann sie mir auch keine Angst mehr einjagen. Das ist durchaus eine Möglichkeit, die Angst zu überwinden. Drewermann nennt den Buddhismus eine wirksame „Form der Psychohygiene“ gegen die Angst: „Wer es vermag, sich von den Dingen und den fremden Einflüssen zu lösen, der hat keine Furcht mehr, der kann nicht mehr enttäuscht werden, der ruht in sich.“ (Drewermann, Glauben in Freiheit 357) Doch für Drewermann ist diese Weise der Angstüberwindung nur hilfreich bei den Ängsten, die die Welt in mir auslöst. Indem das Ich ausgelöscht wird, wird der Ursprung der Angst getilgt. „Wie aber, wenn der Mensch an sich selber zu leiden beginnt und wenn er unfehlbar auf die Art von Angst stößt, die ihn immer ichhafter werden lässt, weil sie seinem Personsein selber entsteigt, – wenn es also nicht mehr um die Angst geht, die aus dem Reflex der Welt im Bewusstsein, sondern aus der Selbstreflexion des Bewusstseins hervorgeht?“ (ebd. 360) Hier sieht Drewermann den christlichen Glauben als wirksame Therapie: Hier geht es um die Beziehung zu einer Person, vor der wir selbst unser eigenes Personsein zu entfalten vermögen. Und er zitiert Martin Bubers berühmtes Wort: „Ich werde am Du.“ Wir überwinden unsere Angst, wenn eine Person uns liebevoll begegnet und uns erlaubt, wir selbst zu sein. Dabei kann es aber nicht nur eine menschliche Person sein, an die allein wir uns bloß wieder klammern würden. Letztlich ist es die göttliche Person, das göttliche Du, vor dem sich unsere Angst um das eigene Personsein beruhigt. Der einzige Weg, von seiner Angst um sich selbst frei zu werden, besteht darin, dass das Ich „es lernt, im Gegenüber des absoluten Ichs Gottes (s)ein eigenes Ich auszuprägen." (ebd. 374) Die personale Begegnung mit einem Menschen, der mich bedingungslos annimmt, der mich nicht bewertet und beurteilt, sondern mich so gelten lässt, wie ich bin, ist dabei der Ort, an dem ich etwas vom absoluten Personsein Gottes ahne, welcher der letzte Grund meines Daseins ist, der mir in der Tiefe meine Angst um mich selbst nimmt. In der Person Jesu Christi leuchtet das Du Gottes für uns in einmaliger Weise auf. Jesus hat den Menschen ein absolutes Vertrauen in Gottes Güte vermittelt, das ihre tiefsitzende Angst zu beruhigen vermochte. Er hat dabei archetypische Bilder und Symbole gebraucht, die in die Tiefe des menschlichen Unbewussten reichen und dort den Ursprung der Angst berühren und erhellen.

Jesus, so sagt es uns das Johannesevangelium, hat die Welt überwunden. Er hat sich nicht von den Maßstäben dieser Welt leiten lassen. Und er hat auf Gott, seinen Vater, vertraut. Das hat ihn von der Macht der Welt befreit. Er hat die Welt durchschaut, die Versprechungen der Welt als leer entlarvt und den Grund seines irdischen Daseins in seinem göttlichen Vater gesehen. Im Glauben haben wir an dieser Angstüberwindung Jesu teil. Da übersteigen wir die Welt. Wir sind zwar noch nach wie vor in der Welt. Aber wir sind nicht mehr von der Welt. Weil unser tiefster Grund in Gott verborgen liegt, hat die Welt keine Macht über uns. Sie kann uns keine Angst mehr machen. Im Glauben sehen wir die Welt mit anderen Augen. Da schauen wir auf den Grund, auf das Wesen der Dinge. Und in allem sehen wir letztlich Gott. Daher sind wir in der Welt, aber nicht von ihr beherrscht. Wenn alles von Gott durchdrungen ist, dann verliert die Welt das Beängstigende. Dann begegnen wir in der Welt Gott. So besteht die Überwindung der

Angst nach dem Johannesevangelium einmal in der Freiheit gegenüber der Welt und zum andern in der Verwandlung der Welt durch den Glauben. Im Glauben sehen wir, dass Gott selbst durch Jesus Christus in diese Welt gekommen ist. Und als von Gott erfüllte wird diese Welt uns zur Heimat. Doch die tiefste Heimat mitten in der Welt ist das Wissen um unser Gegründetsein in Gott. In Gott zu sein, das schenkt uns wahre Freiheit von unserer Angst.

In der Liebe gibt es keine Angst

Der Philosoph Ulrich Hommes führt das Anwachsen der Angst in unserer Zeit auf den Umstand zurück, „dass die Menschen heute ganz allgemein unter einer eigentümlichen Beziehungslosigkeit leiden. Ganz offensichtlich hat gerade Beziehungslosigkeit Angst zur Folge, so wie Beziehungslosigkeit auch zu gesteigerter Aggressivität führen kann." (Hommes 54) Doch vielen Menschen fällt es schwer, die eigene Beziehungslosigkeit zuzugeben. So suchen sie lieber in äußeren Verhältnissen den Grund ihrer Angst, in der Unsicherheit der Zeit, in den wirtschaftlichen Problemen, in Menschen, die uns bedrohen. Letztlich hat die Angst immer auch mit unserer inneren Haltung zu tun. Wer in Beziehung steht zu einem Menschen, der wird nicht so leicht von der Angst beherrscht. Das hat man sogar in Tierexperimenten herausgefunden. Wenn Ziegen in der Nähe der Mutter mit Stromstößen behandelt wurden, konnten sie dies viel leichter aushalten, als wenn sie isoliert dieser Behandlung ausgesetzt waren. Natürlich gibt es auf der Welt viele Bedrohungen, die uns Angst machen können. Wir alle sind diesen Bedrohungen ausgesetzt. Die einen sehen sie und versuchen, ihnen mit ihrer eigenen Lebensstrategie zu antworten. Die andern aber fixieren sich darauf. Sie klammern sich an alles Angsterregende, so dass es zum beherrschenden Moment des Daseins wird. Hommes meint dazu: „Es ist, als käme da eine innere Unruhe zum Vorschein, die gar nicht Antwort ist auf konkrete Bedrohung, sondern dieser vorausliegt. Man ergreift, was geeignet scheint, dass die Angst sich mit ihm verbindet.“ (ebd. 55)

Der amerikanische Psychologe Irvin Yalom nennt diese Beziehungslosigkeit „existentielle Isolation“. Der Mensch ist nicht mehr geborgen in der Welt. Er hat keine tragende Beziehung zu ihr, aber auch nicht mehr zu anderen Menschen, ja nicht einmal zu sich selbst. Yalom zitiert Erich Fromm, der in seiner „Kunst des Liebens“ davon spricht, dass die Erfahrung des Abgetrenntseins, des Alleinseins und Abgesondertseins Angst erregt, und feststellt: „Ja sie ist tatsächlich die Quelle aller Angst." Wer sich allein auf sich gestellt weiß, der hat Angst, die Welt könne über ihn herfallen und er sei ihr dann hilflos ausgeliefert. Daher ist die Erfahrung der Liebe eine entscheidende Hilfe, um die Angst, die in der Isolation auftritt, überwinden zu können.

Daher geht es nicht nur darum, mit der Angst fertig zu werden, sondern zu fragen, warum mir die Bedrohungen von außen soviel Angst machen. Und da stoßen wir auf die eigene Beziehungslosigkeit. Daher braucht es Erfahrungen von Geborgensein und Getragensein, um mit unserer Angst besser zurecht zu kommen. Letztlich geht es um die Erfahrung der Liebe, die es mir ermöglicht, auf die Bedrohungen von außen nicht mit Angst zu reagieren, sondern mit Vertrauen – und mit der Hoffnung, dass ich die Herausforderungen des Lebens bestehen werde. Ulrich Hommes nennt die Liebe das eigentliche Bollwerk gegen die Angst: „Was hilft gegen die Angst, wenn nichts anderes mehr hilft, ist Liebe. Liebe, die mir entgegengebracht wird, und Liebe, die ich selbst gebe. Angst kann man ja auch beschreiben als Antwort auf das Gefühl, dass irgend etwas oder irgend jemand es nicht gut mit mir meint." (ebd. 58)

Dies ist auch die Perspektive der Bibel. Schon der 1. Johannesbrief hat diese Erfahrung der Angstüberwindung durch die Liebe in die Worte gefasst: „Furcht gibt es in der Liebe nicht, sondern die vollkommene Liebe vertreibt die Furcht. Denn die Furcht rechnet mit Strafe, und wer sich fürchtet, dessen Liebe ist nicht vollendet." (1 Joh 4,18) Johannes spricht hier weder von der Liebe zu Gott noch von der Liebe zum Nächsten, vielmehr von der Liebe, die von Gott stammt, aber im Menschen eine eigene Kraft ist, die sein Leben verwandeln kann. Die Liebe ist wie ein Feuer, das uns wärmt, und wie eine Quelle, die uns durchströmt. Wer diese Liebe in sich spürt, der ist frei von Angst. Die Liebe ist ein Wohlwollen allem gegenüber, sie ist Bejahung dessen, was ist. Und in der Liebe weiß ich mich ganz und gar von Gott angenommen.

Wenn die Liebe in mir strömt, dann gibt es in mir nichts, was ich selbst nicht akzeptieren könnte. Denn die Liebe berührt alles in mir. Die eigentliche Überwindung der Angst besteht für Johannes daher in der Erfahrung der Liebe. Der Weg, diese Liebe in sich zu erfahren, ist im Johannesevangelium die Meditation Jesu Christi. In ihm ist Gottes Liebe sichtbar erschienen. Sie ist am Kreuz vollendet worden. Dort hat sie alles Gegensätzliche im Menschen durchdrungen. Die vollkommene Liebe, die am Kreuz Jesu aufgeleuchtet ist, vertreibt alle Furcht. Es gibt nichts mehr, wovor wir uns fürchten müssten. Denn alle Gegensätze in uns sind von der Liebe erfüllt. Die Liebe reicht bis in die Tiefe unseres Unbewussten. Sie hebt die intrapersonale Isolation auf, unter der Yalom das Abspalten von inneren Bereichen versteht. Der Blick auf die am Kreuz sichtbar gewordene Liebe, die alles miteinander versöhnt, kann die Angst vor den abgespaltenen Teilen in uns auflösen und das Auseinanderfallen des Selbst verhindern. Es gibt keine Abgründe mehr in uns, in denen nicht die Liebe wohnt.

Die Furcht rechnet mit Strafe. Das griechische Wort „kolasis“ meint das Endgericht. Hier wird eine Angst angesprochen, die in der Vergangenheit zahllose Christen gequält hat: die Angst vor dem Gericht, die Angst vor Verdammung, die Angst, für immer verloren zu sein. Diese Angst hat Martin Luther geplagt. Er hat seine Angst in der Rechtfertigungslehre überwunden, die er im Blick auf das Kreuz Jesu entfaltet hat. Dort hat er auf die Liebe Gottes geschaut, die uns vor aller eigenen Leistung umfängt. Weil Gott uns im Kreuz Jesu Christi seine bedingungslose Liebe gezeigt hat, hat er uns befreit von der Angst, wir könnten Gott nicht genügen. Wir müssen uns nicht selbst gerecht machen. Wir müssen Gott und uns selbst nicht beweisen, dass wir richtig sind. Gott selbst hat uns in Jesus Christus gerecht gemacht. Für Martin Luther ist der Blick auf die am Kreuz offenbarte bedingungslose und vollkommene Liebe Jesu die Befreiung von der Angst, wir könnten gerichtet und verurteilt werden. Luther hat damit die Erfahrung des hl. Paulus aufgegriffen, der in seiner pharisäischen Zeit seinen Wert vor Gott durch Erfüllung des Gesetzes beweisen wollte und dann in Christus erfahren hat: Nichts kann „uns scheiden von der Liebe Gottes, die in Christus Jesus ist, unserem Herrn“ (Röm 8,39).

Die Strafe müssen wir aber nicht nur als Endgericht verstehen, sondern auch als Bild für die Selbstbestrafung, zu der viele Menschen neigen. In uns gibt es eine Tendenz, uns selbst zu bestrafen, uns zu verurteilen und zu richten. Ich habe Angst vor dem in mir, was ich verurteile. Die Selbstbestrafung ist die häufigste Ursache von Phobien. Da hat eine Frau etwa Angst, über die Straße zu gehen. In der Analyse erinnert sie sich an die Situation ihrer Erstkommunion. Da hatte sie in der Beichte eine Sünde vergessen zu beichten. Sie hatte Angst, Gott würde sie strafen, wenn sie zur Kommunion ginge. Auf dem Weg von der Kommunionbank zu ihrem Platz wurde sie ohnmächtig. Für diese Schuld, so meinte sie, habe Gott sie bestraft (vgl. Läpple 71ff). In Tierphobien zeigt sich oft die Angst vor dem Tierhaften in mir selbst, das ich mir verbiete. Manchmal „repräsentiert das Tier die strafende oder rächende Instanz" (Bitter 68). Angst, die Ausdruck unserer Selbstablehnung und Selbstbestrafung ist, bewahrt uns vor dem, was wir für gefährlich erachten. So traute sich ein Mann nicht, über einen Feldweg zu gehen. Es zeigte sich: Dieser Weg war für ihn Bild für das Naturhafte, das er sich als tief religiöser Mensch verboten hatte. Gegen solche Ängste hilft nur eine Therapie, die den Ursprung des Verdrängten und Abgespaltenen anschaut und die den Menschen lehrt, sich selbst mit Liebe zu betrachten. Das Triebhafte darf sein. Wenn es mit Liebe angeschaut wird verliert es seine bedrohliche Macht.

Wenn es nichts mehr gibt in mir, was zu verurteilen ist, dann hat die Liebe die Furcht aus mir hinausgetrieben. Wer sich fürchtet, den hat die Liebe noch nicht ganz und gar durchdrungen. Wenn die Liebe alles in mir berührt, bin ich ganz und heil, dann bin ich vollendet. Die Furcht zeigt immer an, dass es noch einiges in mir gibt, wohin die Liebe noch nicht gedrungen ist. Daher besteht die Angsttherapie nach dem 1. Johannesbrief darin, die Liebe in alle Bereiche meines Leibes und meiner Seele, meines Bewussten und meines Unbewussten dringen zu lassen.

Die Liebe, die die Furcht vertreibt, bezieht sich sowohl auf die Liebe als eigene Kraft, die mich durchdringt, als auch auf die Liebe, die ich von Gott und von Menschen her erfahre, und auf die Liebe, die ich Gott und den Menschen gegenüber empfinde. Wer sich von Gott und den Menschen bedingungslos geliebt weiß, der hat keine Angst mehr vor Ablehnung, vor dem Verlassenwerden, vor dem Scheitern. Ja selbst der Tod macht ihm keine Angst mehr, wenn er weiß, dass der Tod ihn nicht dieser Liebe berauben kann. Die Liebe ist stärker als der Tod. Und wer einen Menschen zutiefst liebt, der spürt in diesem Augenblick keine Angst. Natürlich wird die Angst dennoch immer wieder an sein Herz pochen. Er hat Angst, den, den er liebt, zu verlieren. Er hat Angst vor Krankheit und Tod. Aber im Gefühl der Liebe selbst gibt es keine Angst. Die Angst taucht in uns auf, sobald wir über die Liebe reflektieren. Doch im Nachdenken über meine Liebe bin ich nicht mehr in der Liebe. Kein

Mensch kann immer in der Liebe bleiben. Daher werden wir immer wieder auch von Ängsten heimgesucht. Sobald wir aber ganz in der Liebe sind und uns selbst darin vergessen, ist in unserem Herzen auch kein Raum mehr für die Angst. Mir erzählte ein Priester, der von vielen Ängsten heimgesucht wurde, er habe für einen kurzen Augenblick die Erfahrung absoluter Angstfreiheit gemacht. Das war für ihn eine Gotteserfahrung. Wenn ich Gott und Gottes Liebe erfahre, dann ist in diesem kurzen Augenblick die Angst aufgelöst. Dann erst verstehe ich, was Johannes meint mit dem Wort: „Furcht gibt es in der Liebe nicht." (1 Joh 4,18)

Furcht Gottes – Anfang der Weisheit

Die Religion kennt das Thema der Angst in unterschiedlichen Zusammenhängen. Einmal ist nicht zu übersehen, dass Religionen ihren Gläubigen oft Angst gemacht haben. Man hat die Angst vor dem strafenden und richtenden Gott gepredigt und dadurch Menschen-Macht über Menschen ausgeübt. Heute greift dieses Mittel kaum mehr. Konnte Tilman Moser noch von Gottesvergiftung sprechen, als er seine pietistische Kindheit aufarbeitete, so finden heute viele Menschen überhaupt keinen Kontakt mehr zu der Religion. Ihnen fehlt nicht nur ein Angst machender, sondern auch ein Vertrauen stiftender Gott. Gott selbst und die Wirklichkeit des Heiligen ist ihnen abhanden gekommen. Aber mit Gott haben sie nicht die Angst verloren. Im Gegenteil: Je mehr der Mensch Gott aus den Augen verliert, desto stärker wird er von Ängsten heimgesucht.

Das Alte Testament verbindet das Sprechen von Gott immer auch mit der Furcht. Nicht nur der Psalmist, sondern auch die Weisheitsbücher sprechen immer wieder davon: „Die Furcht des Herrn ist der Anfang der Weisheit.“ (Ps 111,10; Spr 1,7; 9,10) Christliche Theologen haben dieses Wort immer dadurch zu entschärfen versucht, indem sie von der Ehrfurcht vor Gott sprachen. Es geht um ein Ernstnehmen Gottes, um ein Betroffensein von seinem Anspruch. An dieser Deutung des alttestamentlichen Wortes ist sicher etwas richtig. Es geht den Weisheitslehrern der Bibel nicht darum, den Menschen Angst vor Gott zu machen. Doch sie gehen von der Tatsache aus, dass „der Einbruch der Macht des Göttlichen in die menschliche Erlebnissphäre ganz spontan Angst“ auslöst (Stietencron 23). Wenn der Mensch Gott erfährt, reagiert er mit Angst und Zittern. Es gibt zwar auch beglückende Einheitserfahrungen in der Mystik, die Erfahrung einer überwältigenden Liebe Gottes. Aber dennoch bleibt wahr, was der Religionswissenschaftler Heinrich von Stietencron schreibt: „Das überwältigend mächtige

Fremde ruft im Menschen durch uralte Anlage bedingt jenen Adrenalinschub aus, der ihn in höchste Alarmbereitschaft versetzt." (ebd. 23) Wenn Gott in unser Leben einbricht, reagieren wir mit Furcht und Zittern. Der Religionswissenschaftler Rudolf Otto spricht davon, dass die Gotteserfahrung immer beides ist: ein Faszinosum und ein Tremendum, etwas, das mich anzieht und begeistert, das mich aber in seiner überwältigenden Mächtigkeit auch erschreckt und mir in seiner überwältigenden Andersheit Angst macht. Beide Aspekte gehören in die authentische Erfahrung des ganz anderen Gottes.

Die Angst ist nicht nur Folge der Erfahrung Gottes. Sie kann uns auch das Feld bereiten, auf dem uns Gott schließlich begegnet. Sie kann uns sensibel für die Gotteserfahrung machen. Ja, die Angst kann eine intensive Gotteserfahrung auslösen, weil und insofern sie unsere Wachsamkeit und Wahrnehmungsfähigkeit erhöht. Und diese Haltung der Öffnung all unserer Sinne ist eine Voraussetzung, die Gegenwart des Göttlichen in unserem Leben zu erkennen. So „wird die Angst zu einer wesentlichen Voraussetzung für direkte Gotteserfahrung.“ (Stietencron 24)

Die Religionskritik hat den Zusammenhang von Angst und Gotteserfahrung verfälscht. Sie meint, die Angst schaffe sich Gottesbilder, um die Angst zu überwinden. Gott sei also ein Produkt unserer Angst. Doch in Wirklichkeit ist es umgekehrt. Und so hat es der Mensch immer schon erfahren: Gott ist vor ihm da. Der Mensch schafft sich Gott nicht, um seine Angst zu beruhigen. „Vielmehr wird in der Angstsituation, zunächst vielleicht durch gesteigerte Wachsamkeit und Aufnahmefähigkeit, dann aber auch und vor allem durch ein Aufbrechen der egozentrischen Selbstabkapselung, die Erfahrung einer sonst den Sinnen nicht ohne weiteres zugänglichen Realität möglich.“ (ebd. 25) Die Angst öffnet den Menschen für Gott. Sie ist gleichsam das Tor, durch das die religiöse Erfahrung in den Geist des Menschen einbricht. Wenn die Weisen des Alten Bundes die Gläubigen ermahnen, sie sollen Gott fürchten, dann geht es nicht um die Angst vor dem strafenden Gott. Vielmehr ist die Furcht des Herrn das Tor zur Erkenntnis Gottes. Furcht und Erkennen gehören zusammen. Ja, nach dem Wort der Bibel ist die Furcht des Herrn der Anfang der Weisheit. Mit ihr beginnt unser wahres Wissen. In der Furcht des Herrn sehen wir mehr. Da sehen wir auf den Grund allen Seins. Und die Welt erscheint uns in einem neuen Licht. Wenn wir in dieser Furcht des Herrn leben, erhellt sich auch unser Leben.

Die Angst hat in der Beziehung zu Gott aber noch eine andere Funktion. Die Angst vor dem mächtigen Gott schafft Distanz zu Gott. Der Mensch spürt seine Kleinheit und Ohnmacht vor dem Allmächtigen. Umso beglückender ist es für ihn, wenn er diese Distanz überbrücken kann. Stietencron vergleicht diese Erfahrung von Distanz und heilender und liebender Nähe Gottes mit der Erfahrung des kleinen Kindes. Die Trennungsangst des Kindes bei der Geburt ist die Grunderfahrung jeder menschlichen Angst. Auch die größtmögliche Nähe, die die Mutter dem Kind schenkt, kann die völlige Geborgenheit, die es vor der Geburt erlebt hat, nie wieder herstellen. Doch indem das Kind die Mutter liebt, versucht es nicht nur die Trennungsangst zu überwinden, sondern es entsteht eine Beziehung, „in der auf der einen Seite Schutz und Fürsorge, aber auch Anweisung zu rechtem Verhalten, auf der anderen Seite Vertrauen, Gehorsam und dankbare Anhänglichkeit impliziert sind" (ebd. 28). Wir können dies auch auf die Beziehung des Menschen zu Gott übertragen: So fördert die Angst, die die Distanz Gottes zum Menschen vergrößert, zugleich die Liebe des Menschen zu ihm. Der Mensch erfährt eine neue Dimension seines Lebens: die Dimension der Liebe, die ihn beglückt. Gipfel dieser Liebe ist die mystische Erfahrung des Einswerdens zwischen Gott und Mensch, in der die Distanz überbrückt ist. Die Angst distanziert nicht nur, sondern drängt den Menschen, sich Gott zuzuwenden. Und in dieser Zuwendung zu Gott und in der Zuwendung Gottes zu ihm erfährt der Mensch eine Liebe, die ihn verwandelt und beglückt. Das Ziel dieser Liebe, in der der Mensch die Einigung mit Gott erfährt, ist die Erhöhung des Menschen zu Gott, seine

Vergöttlichung. Die Angst, die die Distanz Gottes zum Menschen betont, führt so letztlich zur mystischen Erfahrung und zur Heilung des Menschen. Seine Trennungsangst wird überwunden, ohne dass sie bagatellisiert wird.

Der hl. Benedikt mahnt seine Mönche: „Gott sollen sie in Liebe fürchten." (RB 72,9) Im Kapitel über die Demut hatte Benedikt von der Gottesliebe gesprochen, „die vollkommen ist und die Furcht vertreibt" (RB 7,67). Benedikt sieht zwölf Stufen der Demut. Wer diese Stufen ersteigt, der lässt die Furcht hinter sicher und gelangt zur reinen Liebe. Das ist ein Schema, das wir in vielen spirituellen Traktaten seiner Zeit finden. Im 72. Kapitel sieht Benedikt Furcht und Liebe jedoch nebeneinander. Er übernimmt hier die Ansicht des älteren Mönchsschriftstellers Cassian, der von der Vereinigung von Liebe und Furcht gesprochen hat. Beide Pole gehören zusammen, damit die Liebe immer tiefer wird. Die Aufforderung Benedikts scheint in Gegensatz zu stehen zu der Aussage des Johannes: „Furcht gibt es nicht in der Liebe."

Doch beide Aussagen stimmen. Auf der einen Seite überwindet die Liebe alle Furcht. Auf der anderen Seite vertieft die Furcht die Liebe. Sie gibt der Liebe ihre wahre Kraft. Wir können die Spannung zwischen Furcht und Liebe nie ganz auflösen. Die Spannung gibt der Liebe ihre wahre Kraft. Aber es ist dann eine Liebe, die nicht von Angst bestimmt ist, sondern eine Liebe, die die Furcht als inneres Moment in sich trägt und sie gerade so überwindet.

Wenn wir die Furcht des Herrn so verstehen, dann ist sie wirklich der Anfang der Weisheit. Sie führt zu einem Glauben, der uns ein Gespür für den ganz anderen Gott gibt, aber zugleich die Sehnsucht nach der unendlichen Liebe Gottes in uns weckt. Diese Art von Gottesfurcht befreit uns von Menschenfurcht. Wenn wir Gott fürchten, verliert sich die Angst vor den Menschen und ihrem Urteil. So hat es schon der alttestamentliche Schriftsteller Jesus Sirach gesehen: „Wer den Herrn fürchtet, verzagt nicht und hat keine Angst, denn der Herr ist seine Hoffnung." (Sir 34, 16) Genauso wie die Furcht zum religiösen Leben gehört, so gehört sie auch zur Psychologie des Menschen. Sie hat eine positive Funktion für die psychische Gesundheit des Menschen. Psychologen haben in letzter Zeit immer wieder betont: Die Angst gehört zum Menschen. Es geht nie darum, die Angst völlig zu überwinden. Denn damit würde dem Menschen ein wichtiges Instrument fehlen, um auf Gefahren reagieren zu können. Wenn die Angst das rechte Maß nicht überschreitet, dann steigert sie unsere Lebendigkeit. Das weiß jeder, der Angst hat um seinen Geliebten, der vor einer schwierigen Reise steht. Wenn er gesund wieder nach Hause kommt, ist das Glück des Wiedersehens umso größer. Die Angst ist gleichsam die Folie, auf der wir die Rückkehr und Nähe des andern beglückender und intensiver erfahren.

Angst kann den Menschen lähmen. Sie kann ihn aber auch zu Höchstleistungen animieren. Wer Angst vor einem Bühnenauftritt hat, der wird ihn möglicherweise in größerer Sensibilität vollziehen als angstfreie Menschen. Die Angst kann uns blind machen für den Augenblick. Sie vermag aber auch unsere Augen zu öffnen, damit wir das Eigentliche des Augenblicks erkennen und darstellen. Søren Kierkegaard hat das offensichtlich ähnlich gesehen, als er schrieb: „Führt die Angst die Seele, so wird das Ängstliche und Kleinliche aus ihr herausgeängstet." (Stietencron 30) Angst macht uns also nicht in jedem Fall klein, sondern sie kann auch alles Kleine und Ängstliche aus uns heraus vertreiben. Wer sich seiner Angst gestellt hat, der wird von kleinlicher Ängstlichkeit befreit. Seiner Angst aus dem Weg zu gehen, ist daher kein Weg zu menschlicher Größe, sondern eher ein Weg in die Durchschnittlichkeit.

Oft zeigt uns die Angst unsere Grenzen auf. Wenn wir Angst vor einer Aufgabe haben, dann kann sie uns zeigen, dass diese Aufgabe unser Maß übersteigt. Wir sollten den Widerstand der Angst ernst nehmen, aber ihm nicht in jedem Fall folgen. Wir müssen zuerst mit der Angst sprechen, etwa mit der Angst, die uns vor einer Reise überfällt: Will sie uns wirklich sagen, dass wir diese Reise nicht antreten sollten? Oder sollten wir etwas an unserer Einstellung zur Reise ändern und die Haltung des Vertrauens und der Gelassenheit lernen? Ein Sportlehrer erzählte mir, dass er eine eigenartige Angst vor dem Skiurlaub hatte. Aber als Sportler wollte er diese Angst nicht wahrhaben. Als er sich jedoch beim Skifahren das Bein brach, merkte er, dass er auf seine Angst hätte hören sollen. Aber manchmal kann die Angst vor einer Aufgabe uns auch herausfordern, uns sorgfältig vorzubereiten und mit allen Sinnen und mit allen Kräften unseres Geistes und unseres Leibes die Aufgabe anzupacken, die vor uns liegt.

Auch auf der menschlichen Ebene gehören Angst und Liebe zusammen. Der russische Autor Daniil Granin bringt dies auf den Punkt, wenn er sagt: „Die Liebe zum Leben ist undenkbar ohne die Angst vor dem Tod … Die Angst begleitet die Liebe wie ein Schatten.“ (Granin 7) Wer Angst hat, sein Kind zu verlieren, ist bereit, sein Leben für es zu opfern. So vermag die Angst um den Verlust die Liebe zum Kind zu vertiefen. Die Angst kann wie eine Folie sein, auf der das Geheimnis der Liebe erst richtig aufleuchtet. Angst ist durch und durch menschlich. Im „Märchen von einem, der auszog, das Fürchten zu lernen" lernt der junge Mann erst das „Gruseln", als seine junge Frau im Schlaf einen Eimer voller Gründlinge über ihn schüttet. Es gibt viele ähnliche Märchen von Menschen, die das Fürchten lernen wollen. Sie spüren, dass sie ohne das Erleben der Angst nicht wirklich zu leben und zu lieben vermögen. Diese Märchen zeigen, dass es ohne Furcht auch keine wirklich menschliche Liebe gibt. Verena Kast hält fest: „Die Möglichkeit, Angst zu spüren, und die Fähigkeit, eine Beziehung einzugehen, werden von diesen Märchen oft in *einem* Zusammenhang gesehen." (Kast 21)

Die Angst öffnet also unsere Sinne für das Geheimnis des Lebens. Auch in der Kunst ist die Angst „eine unabdingbare Komponente" (Daniil Granin). Stefan Zweig meint etwa von Tolstoi, erst die Angst vor dem Tod habe ihn zu seiner Dichtung befähigt. Die Angst, die ihn früher so erschreckte, wird in seiner Dichtung „Vertiefung des Lebens und höchst unerwarteterweise die großartigste Steigerung seiner Kunst". Und an anderer Stelle meint Stefan Zweig: „Nur die vorahnende Angst hat seine Kunst vom Flächigen, vom bloßen Anschauen und Abmalen der Realität, in die Tiefe des Wissens getrieben." Die Angst hat viele Dichter und Musiker zu ihrer Leistung getrieben. Sie hat ihnen Augen und Ohren für das Geheimnisvolle menschlichen Lebens geöffnet. Die Angst ist daher wie eine Würze, die dem Leben erst Geschmack verleiht. Daher gilt das Wort Daniil Granins für mich uneingeschränkt: „Ein Mensch ohne Angst wäre schrecklich." (Granin 7)

Schluss

Angst gehört wesentlich zu uns Menschen. Die Qualität unseres Menschseins hängt davon ab, wie wir mit unserer Angst umgehen. Verdrängung der Angst führt zur Erstarrung und verbraucht sehr viel Energie. Wer seine Angst unter Verschluss hält, dem fehlt die Energie zum Leben. Er fühlt sich oft erschöpft. Deshalb muss die Angst verwandelt werden. Dann wird sie zu einer Quelle des Lebens für uns, zu einer Quelle der Wahrhaftigkeit, der Klarheit und der Achtsamkeit. Der Weg zur Verwandlung geht über das Gespräch mit der Angst und über die Öffnung der Angst auf Gott hin.

Wenn wir mit unserer Angst reden, wird sie uns auf wichtige Haltungen und Fehlhaltungen stoßen. Und wir werden im Gespräch mit unserer Angst immer wieder auf das Eigentliche unseres Lebens verwiesen. Im Grunde – so ist es die Überzeugung der

Bibel – vermag nur Gott unsere Angst zu beruhigen. Aber der Glaube darf die natürlichen Bedingungen unserer Psyche nicht überspringen. Es gibt auch Ängste, die der Glaube an Gott nicht zu heilen vermag. Da braucht es die Demut, sich in die Urgründe und Ursachen seiner Angst hinab zu begeben und sich dem zu stellen, was uns da begegnet. Den Mut, unsere Angst anzuschauen und über sie zu reden, gibt uns oft ein Mensch, der uns begleitet, eine Therapeutin oder ein Seelsorger. Wir brauchen Menschen, die keine Angst vor unserer Angst haben. Vor ihnen und mit ihnen können wir über unsere Angst sprechen. Der Begleiter, der sich ohne Angst unserer Angst stellt, kann uns helfen, mit unserer Angst anders umzugehen. Aber letztlich kann uns ein Mensch die Angst nicht nehmen. Erst wenn wir zum innersten Grund unserer Seele gelangen, zu unserem göttlichen Kern, erst dann beruhigt sich die Angst. Denn dort, wo Gott in uns wohnt, hat die Angst keinen Zutritt mehr.

Das Thema der Angst bewegt nicht nur den heutigen Menschen. Es hat die Menschen aller Zeiten berührt. Der Blick in die Bibel hat gezeigt, dass sie uns Wesentliches zur Angst sagen kann. Ich habe mich in diesem Buch darauf beschränkt, Jesu Umgang mit der Angst nachzuzeichnen. Beim Meditieren der Evangelien hat mich die Angsttherapie Jesu fasziniert. So bin ich ihr nachgegangen und habe über sie nachgedacht auf der Basis der vielen Gespräche, die ich mit Menschen über ihre Angst geführt habe. Auch da ist es mir wie so oft bei anderen Fragen ergangen: Gerade wenn ich ein bestimmtes Thema behandle, tauchen im Gespräch diese Themen immer wieder auf. So bin ich gerade in der jüngsten Zeit immer wieder auf das Thema der Angst gestoßen. Die Menschen fingen an, von ihrer Angst zu erzählen. Wenn in einer Gruppe jemand auf seine Angst zu sprechen kam, bekamen auch die andern Mut, von ihrer Angst zu reden. Meine Erfahrung ist: Wenn wir es wagen, über unsere Angst zu sprechen, dann verliert sie ihre Macht. So möchte dieses Buch die Leser und Leserinnen einladen, die eigene Angst anzuschauen und auch mit andern darüber zu sprechen. Wer seine Angst anschaut, der wird von ihr nicht mehr bestimmt. Wer nur gegen seine Angst kämpft, der weckt in ihr eine so starke Gegenkraft, dass er ständig um sie kreist und von ihr verfolgt wird. Wer sie jedoch liebevoll anschaut und sie sich zum Freund macht, den wird sie in eine größere Lebendigkeit und Freiheit führen, in eine neue Tiefe des Vertrauens und der Liebe. Und letztlich wird sie ihn zum letzten Grund unseres Lebens und unserer Liebe führen.

Die Bibel zeigt uns sehr menschliche Wege, Wege voller Weisheit, mit unserer Angst umzugehen. Jesus wusste um die Ängste der Menschen. Er ist so auf die Menschen eingegangen, dass sie ihre Angst verloren, dass sie sich geborgen und getragen wussten von Gottes Güte und Barmherzigkeit. Jesu Umgang mit der Angst will uns einladen, genauso gütig und barmherzig auf unsere Ängste zu schauen. Dann werden unsere Ängste für uns zu Freunden, die uns begleiten, die uns auf das Wesentliche hinweisen und die uns bewahren vor allem Übermaß, mit dem wir uns oft überfordern. Die Angst wird uns begleiten, bis wir uns im Tod Gott hingeben. Aber sie wird uns nicht mehr im Griff haben. Mitten in unserer Angst dürfen wir immer wieder das tröstende und ermutigende und befreiende Wort Jesu hören: „Fürchte dich nicht!" Ein Exeget hat nachgezählt, dass das Wort „Fürchte dich nicht!" 365 mal in der Bibel vorkommt. Das ist für mich ein schönes Bild: Über jedem Tag steht das Versprechen Gottes, uns die Angst zu nehmen. Aber die Bibel rechnet auch damit, dass uns jeden Tag die Angst überfallen oder aus den Tiefen unseres Unbewussten aufsteigen kann. Es ist also ein tägliches Thema: die Angst anzuschauen und sie zugleich im Blick auf Jesus Christus und im Vertrauen auf das ermutigende Wort Gottes zu verwandeln.

Literatur

Wilhelm Bitter, Furchtkrankheiten (Angstneurosen), in: Angst und Schuld in theologischer und psychotherapeutischer Sicht, hrg. von W. Bitter, Stuttgart 1953, 62–71.

Willi Butollo, Die Angst ist eine Kraft. Über die konstruktive Bewältigung von Alltagsängsten, München 1984.

Eugen Drewermann, Tiefenpsychologie und Exegese, Band II, Olten 1985.

Eugen Drewermann, Psychoanalyse und Moraltheologie, Band I: Angst und Schuld, Mainz 1982.

Eugen Drewermann, Glauben in Freiheit oder Tiefenpsychologie und Dogmatik. Dogma, Angst und Symbolismus, Olten 1993.

Erich Fromm, Die Kunst des Liebens, Frankfurt 1981.

Daniil Granin, Das Jahrhundert der Angst. Erinnerungen, Berlin 1999.

Walter Grundmann, Das Evangelium nach Matthäus, Berlin 1986.

Verena Günther und Hartmann Hinterhuber, Die Psychologie der Angst und die Religion, in: Angst und Religion, hrg. von H. v. Stietencron, Düsseldorf 1991, 79–101.

Manfred Hanglberger, Signale des Unbewussten. Ängste verstehen und bewältigen, Regensburg 1999.

Martin Heidegger, Sein und Zeit, Halle, 1927.

Ulrich Hommes, Die Angst des Menschen. Philosophisch betrachtet, in: Angst und Religion, hrg. von H. v. Stietencron, Düsseldorf 1991, 37–62.

Carl Gustav Jung, Gesammelte Werke, Band 11, Zürich 1963.
Verena Kast, Wege aus Angst und Symbiose. Märchen psychologisch gedeutet, München 1987.
Johanna Läpple, Über einen Fall von Platzangst aus religiösen Konflikten, in: Angst und Schuld, hrg. von W. Bitter, Stuttgart 1953, 71–74.
Tilmann Moser, Gottesvergiftung, Frankfurt 1976.
Wunibald Müller, Dein Weg aus der Angst. Ängste annehmen und überwinden, Münsterschwarzach 2003.
Marc Oraison, Überwindung der Angst, Frankfurt 1973.
Karl Guido Rey, Aus Angst kann Hoffnung werden. Erfahrungen und Hilfen aus meiner psychotherapeutischen Praxis, Freiburg 1988.
Wolfgang Schmidbauer, Lebensgefühl Angst, Freiburg 2005.
Herrad Schenk, Altwerden. Lebenskunst für Fortgeschrittene, in: Psychologie heute, August 2005, 20–27.
Günter H. Seidler, Der Blick des Anderen. Eine Analyse der Scham, Stuttgart 1995.
Heinrich von Stietencron, Von der Heilsträchtigkeit der Angst. Religionsgeschichtliche Perspektiven, in: Angst und Religion, hrg. von H. von Stietencron, Düsseldorf 1991, 13–36.
Leo Wurmser, Die Maske der Scham, Berlin 1993.
Irvin D. Yalom, Existentielle Psychotherapie, Köln 2000.